HABERDASHERS' GIRLS
R10538F0056

かんたん、ふしぎ。

# 切り紙ブック

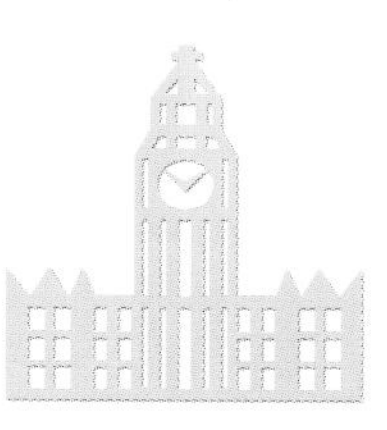

イワミ*カイ 著

日本文芸社

# Contents

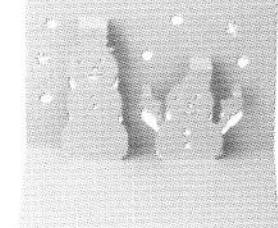

Column

切り紙を使って

● この本の使い方

（切り紙カードのつくり方は
70ページをご覧ください。）

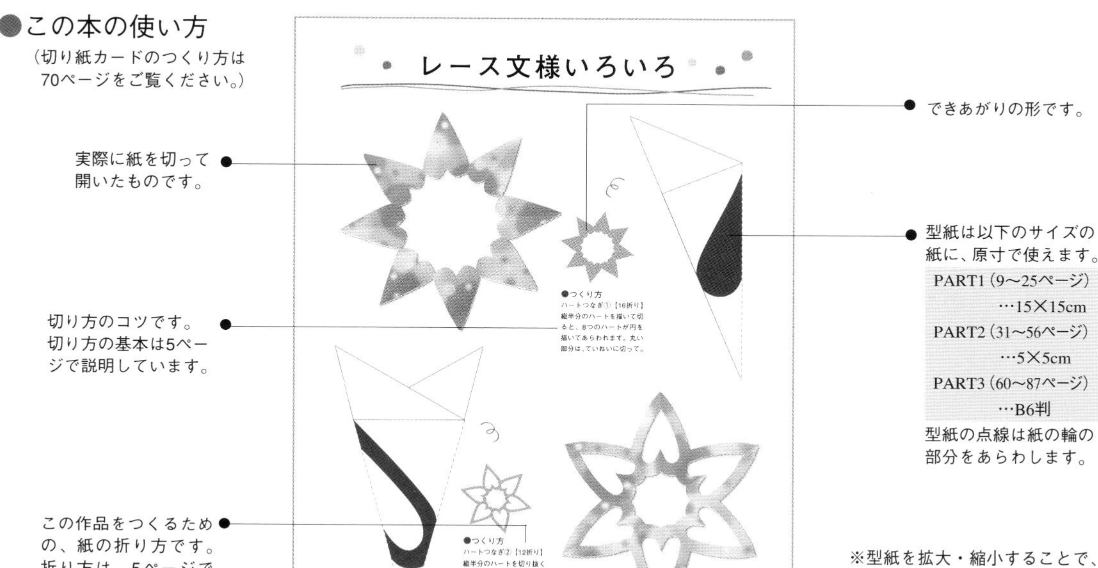



※型紙を拡大・縮小することで、好きなサイズの切り紙がつくれます。サイズや紙の色によって切り紙の印象も変わるので、いろいろ試してみてください。

一番身近な素材、「紙」── 子供の頃からの格好の遊び道具でした。絵を描くのはもちろん、懐しの紙人形では既製品では飽き足らず、自分でも洋服や小物を作ったり、誕生日カード・母の日カード等もよく手作りしてました。

自分で作った物を喜んでもらえた時、すごく嬉しくて、その喜びが新たに物を作る原動力になります。今回も編集の方に作品を見せるたび「すごい」とか「きれい」と誉められて、調子に乗ってどんどん作り過ぎたので、かなり載せられなかった作品が出ました。

ここに載っている作品はむずかしそう（かな？）に見えて、やってみると意外にカンタンです。ぜひ紙とハサミやカッターナイフを用意して作ってみて下さいね♪

イワミ＊カイ

# 切り紙をはじめる前に

## 用意するもの

## 切り方

❶色紙を裏向きにし、指定の折り方(下図折り方参照)で、ぴっちりと折ります。いちばん上の面に印をつけておきましょう。

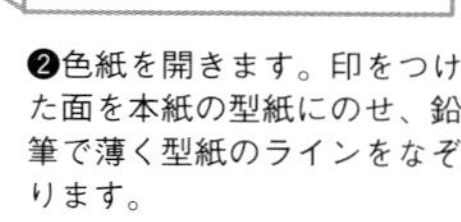

❷色紙を開きます。印をつけた面を本紙の型紙にのせ、鉛筆で薄く型紙のラインをなぞります。

❸②をもう一度折り直して、線にかからない部分をテープで止めて固定します。なぞった線に沿って色紙を切ります。

❹切り終わったら、そっと開いてできあがり。

## 折り方

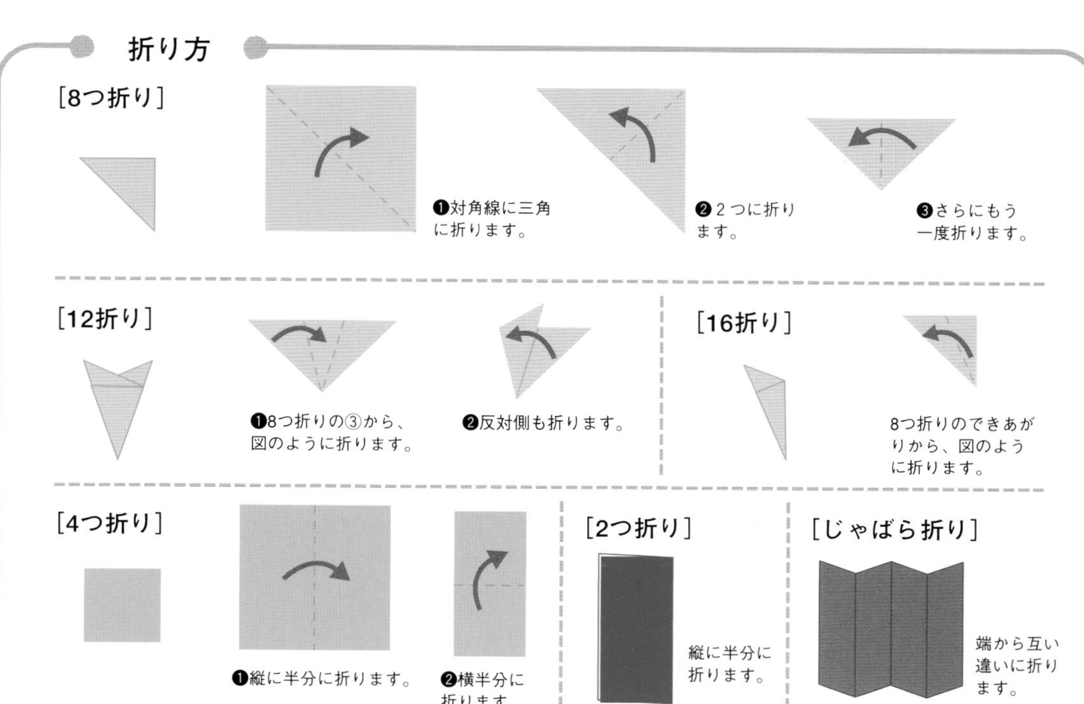

# Part 1 レース文様の美しい切り紙

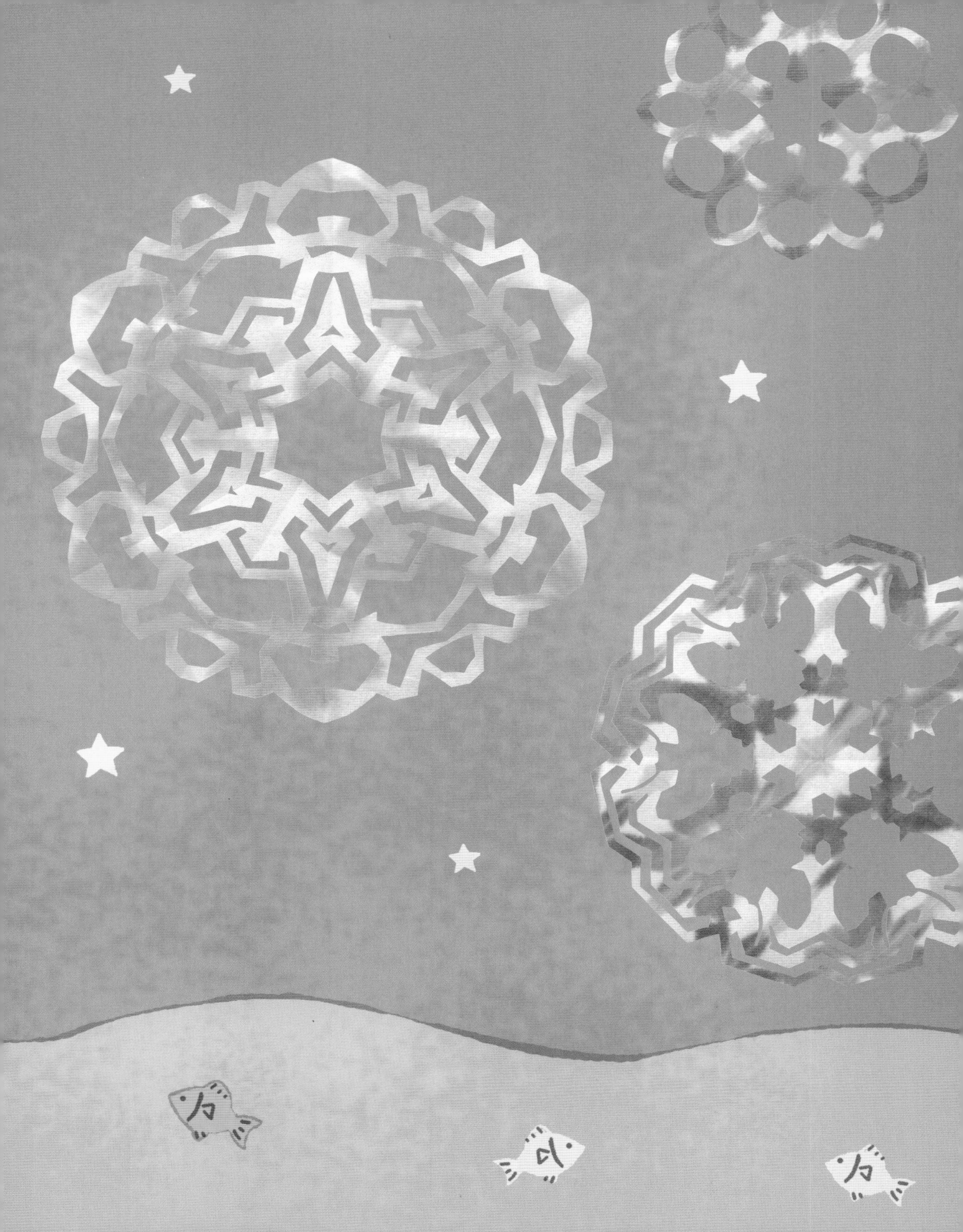

はさみと紙でつくる繊細なもよう

# レース文様いろいろ

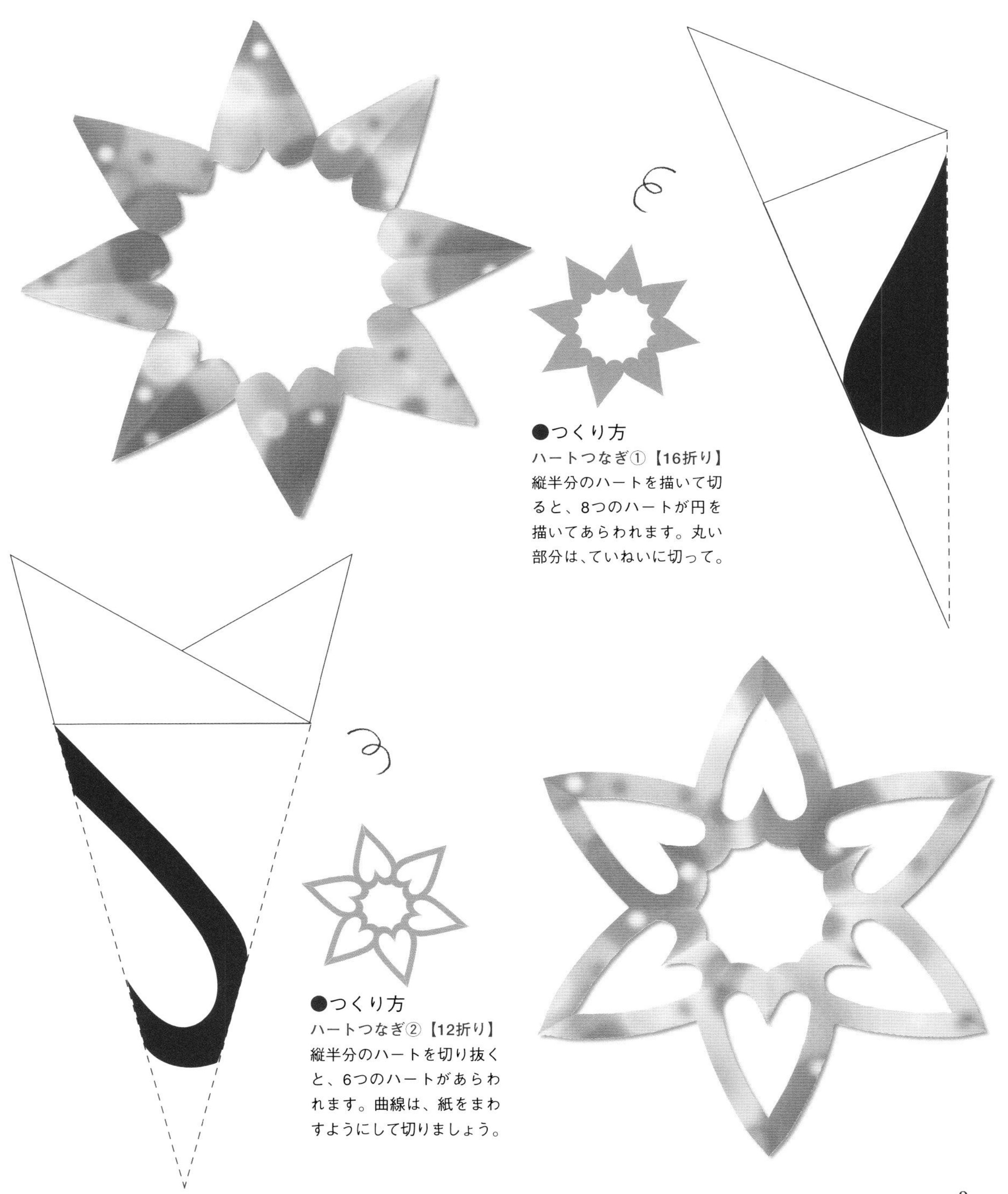

●つくり方
ハートつなぎ①【16折り】
縦半分のハートを描いて切ると、8つのハートが円を描いてあらわれます。丸い部分は、ていねいに切って。

●つくり方
ハートつなぎ②【12折り】
縦半分のハートを切り抜くと、6つのハートがあらわれます。曲線は、紙をまわすようにして切りましょう。

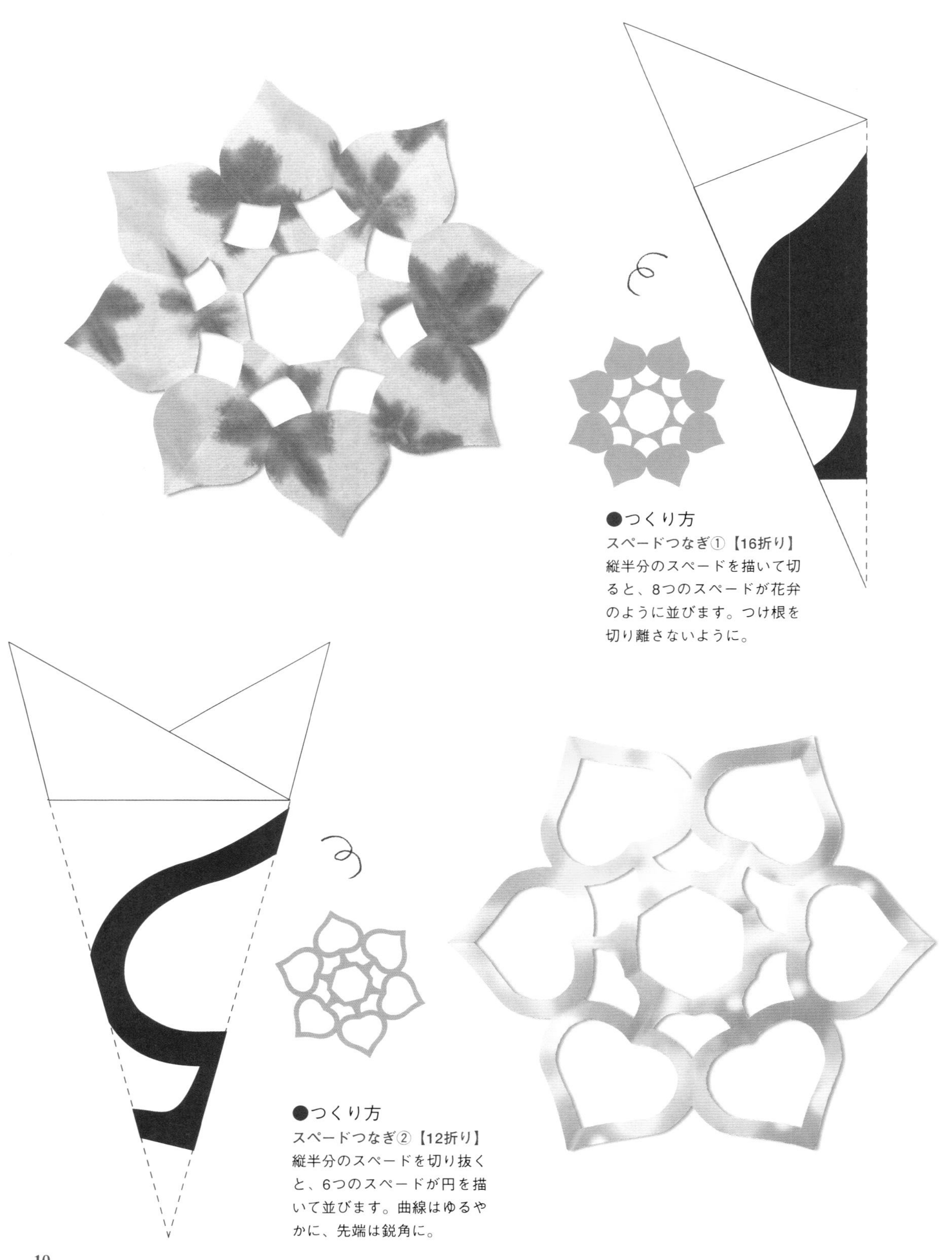

●つくり方

スペードつなぎ①【16折り】

縦半分のスペードを描いて切ると、8つのスペードが花弁のように並びます。つけ根を切り離さないように。

●つくり方

スペードつなぎ②【12折り】

縦半分のスペードを切り抜くと、6つのスペードが円を描いて並びます。曲線はゆるやかに、先端は鋭角に。

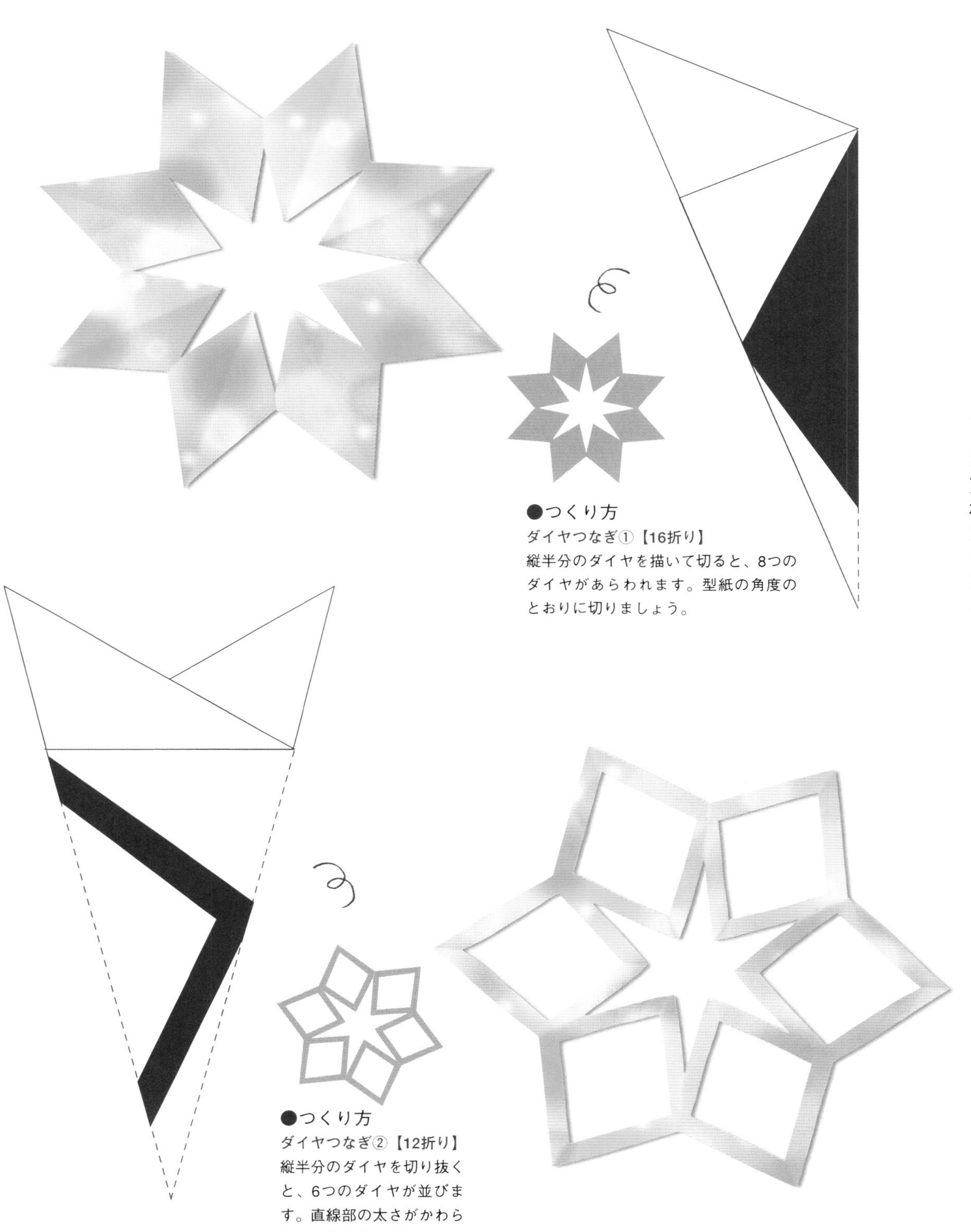

●つくり方

ダイヤつなぎ①【16折り】

縦半分のダイヤを描いて切ると、8つのダイヤがあらわれます。型紙の角度のとおりに切りましょう。

●つくり方

ダイヤつなぎ②【12折り】

縦半分のダイヤを切り抜くと、6つのダイヤが並びます。直線部の太さがかわらないように切って。

●つくり方

クローバーつなぎ①【16折り】

縦半分のクローバーを切り抜くと、紋章のようなモチーフがあらわれます。曲線は紙をまわすように切りましょう。

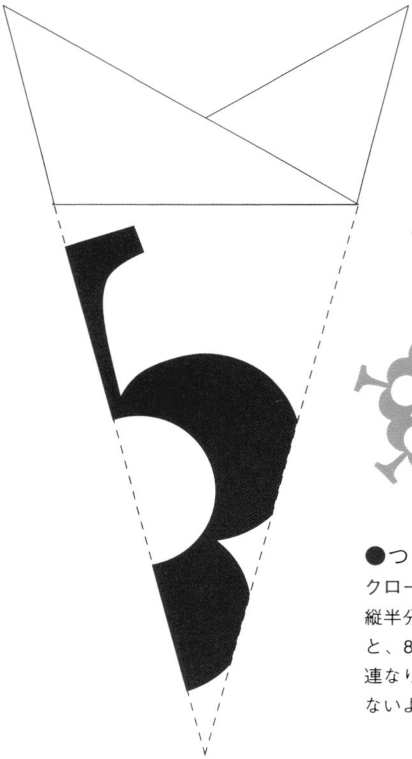

●つくり方

クローバーつなぎ②【12折り】

縦半分のクローバーを切り抜くと、8つのクローバーが円形に連なります。つけ根を切り離さないように。

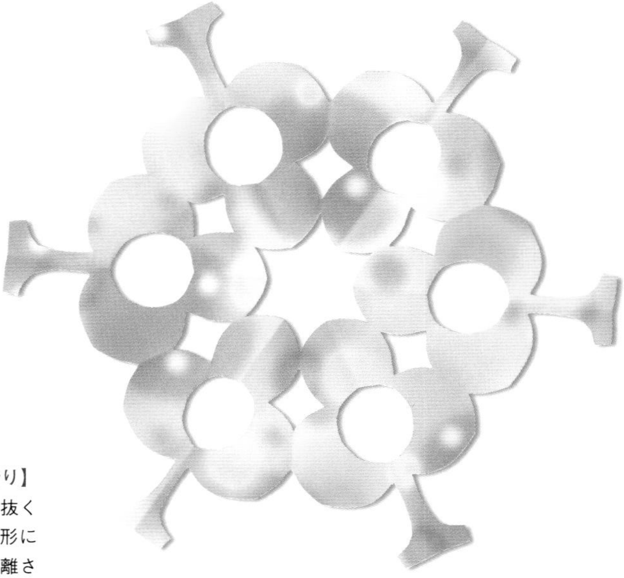

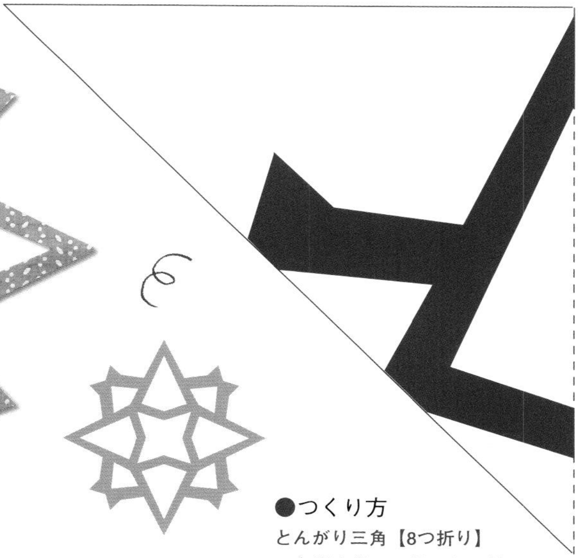

●つくり方

とんがり三角【8つ折り】

三角形を描いて切ると、美しい幾何学模様が完成。突端部分を鋭角に切り込んで、シャープな印象に。

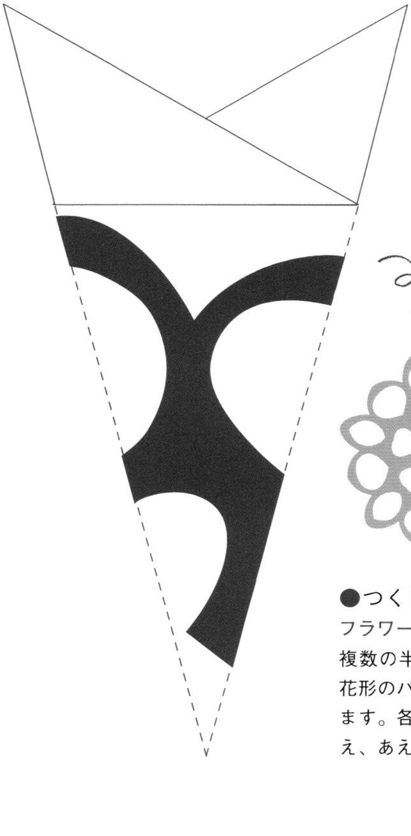

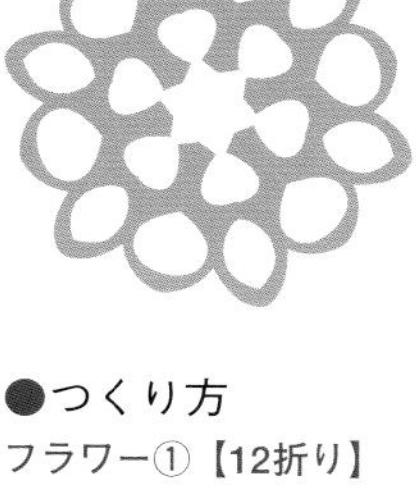

●つくり方

フラワー①【12折り】

複数の半円を切り抜くと、花形のパターンがあらわれます。各半円は大きさをかえ、あえて不完全な形に。

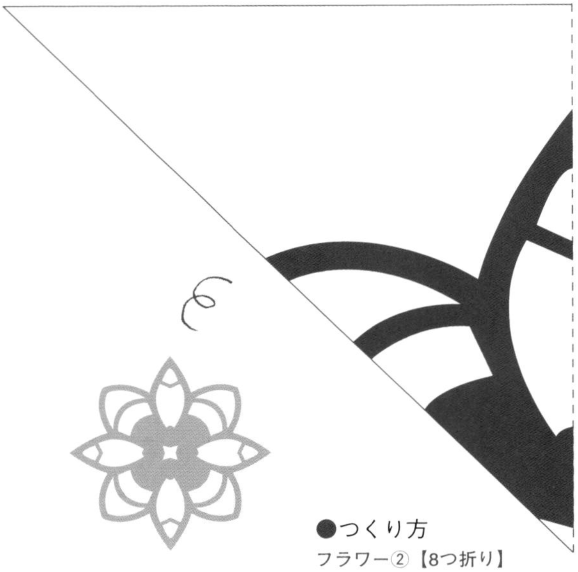

●つくり方

フラワー②【8つ折り】

曲線に沿って切り抜くと、フラワーモチーフに。右の半円は楕円を、左は円形を意識して切ると仕上がりがきれい。

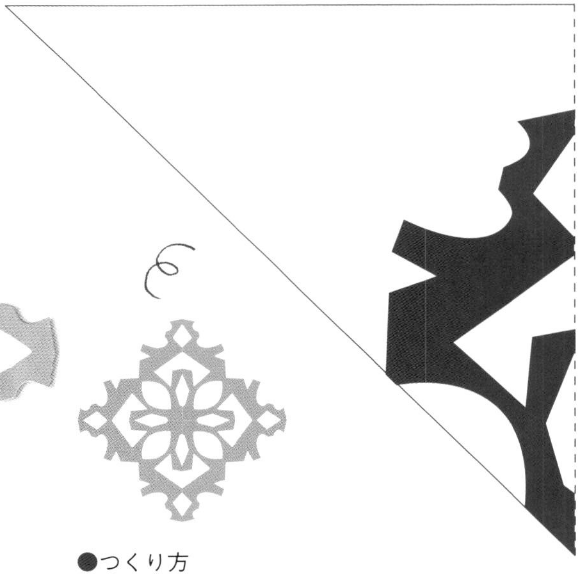

●つくり方

アラベスク文様①【8つ折り】

直線と曲線に沿って切り抜くと、アラベスク風モチーフになります。紙をまわして切ると意外に簡単です。

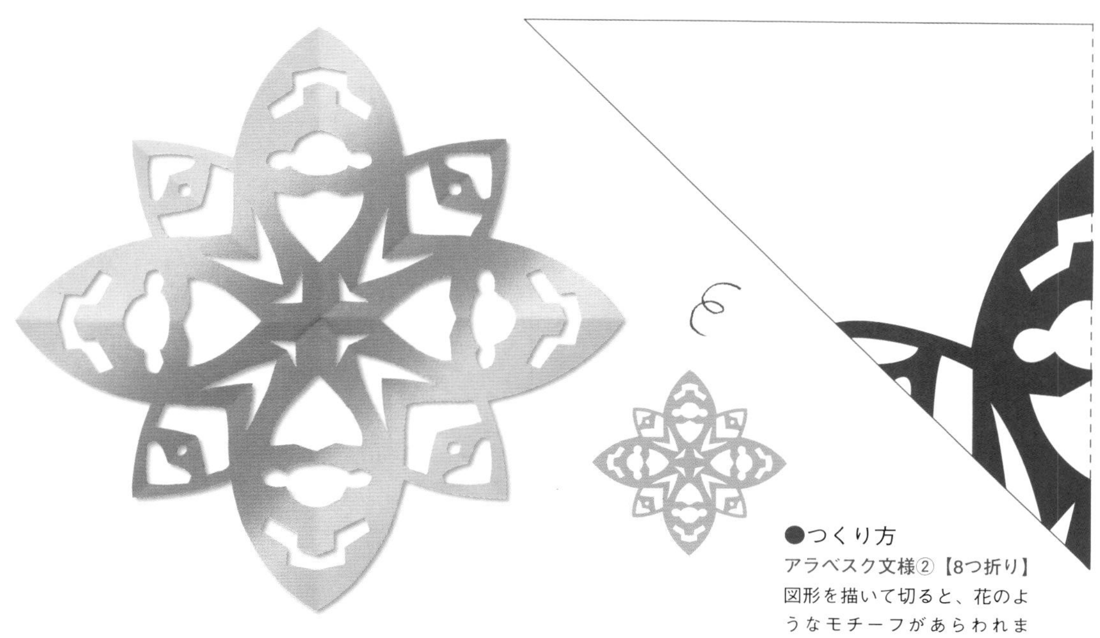

●つくり方
アラベスク文様②【8つ折り】
図形を描いて切ると、花のようなモチーフがあらわれます。切り抜きやすい部分から切ってOK。

●つくり方
雪の結晶【12折り】
丸みをおびた突起を切ると、雪の結晶のモチーフがあらわれます。先端の丸みはていねいに切って。

●つくり方
クロス型【8つ折り】
流線を描いて切ると、クロス型のパターンがあらわれます。なめらかな曲線を生かすように切ります。

●つくり方
六角形パターン①【12折り】
流線を描いて切りとると、六角形のレース文様になります。六角形の辺になる部分はしっかり角度をつけて。

●つくり方

六角形パターン②【12折り】

図形を線に沿ってていねいに切りとると、円形のレース文様があらわれます。真ん中にはハートが並びます。

●つくり方

六角形パターン③【12折り】

曲線に沿って切りとると、レース編みのようなモチーフになります。細かい部分の切り込みを忘れずに。

Column

# ペーパーバッグ

●用意するもの

ペーパーバッグ、色紙、はさみ、スプレーのり

●つくり方

1 好みの柄の切り紙を用意します。
（写真の切り紙→左12ページ、右22ページ参照）

2 市販のペーパーバッグに、切り紙を貼ってできあがり。
上から保護シートを貼ってもよいでしょう。

Column

# ビニール傘

●用意するもの

ビニール傘、色紙（セロファン）、はさみ、スプレーのり

●つくり方

1 好みの柄の切り紙を用意します。
（写真の切り紙→9ページ参照）

2 セロファンでつくった切り紙にスプレーのりを吹きつけて、ビニール傘の内側に貼ります。

じょうずにできた。とっておこう♪

# 動植物のパターン

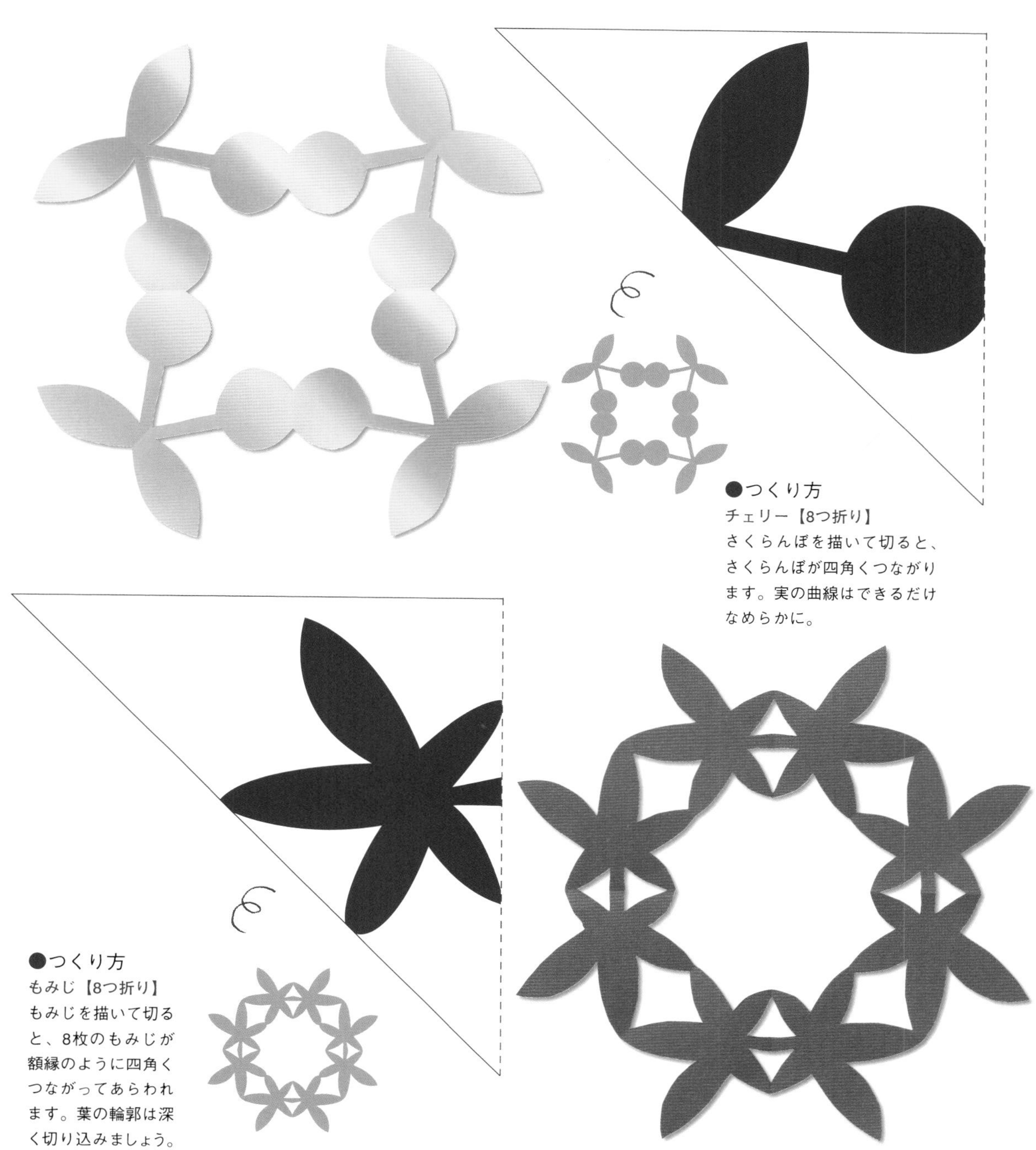

●つくり方
チェリー【8つ折り】
さくらんぼを描いて切ると、さくらんぼが四角くつながります。実の曲線はできるだけなめらかに。

●つくり方
もみじ【8つ折り】
もみじを描いて切ると、8枚のもみじが額縁のように四角くつながってあらわれます。葉の輪郭は深く切り込みましょう。

●つくり方

チューリップ【8つ折り】

チューリップを描いて切ると、4本のチューリップが四角く並びます。葉には葉脈の切り込みを入れます。

●つくり方

朝顔【8つ折り】

朝顔を描いて切ると、4つの朝顔が十字に交差してあらわれます。芯も忘れず切り抜きましょう。

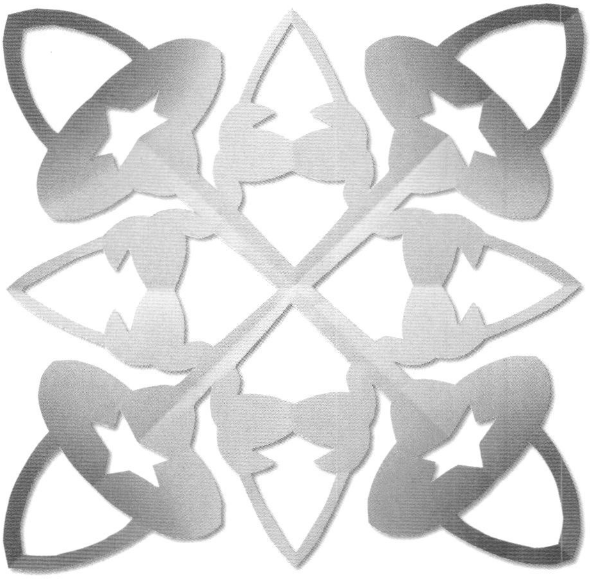

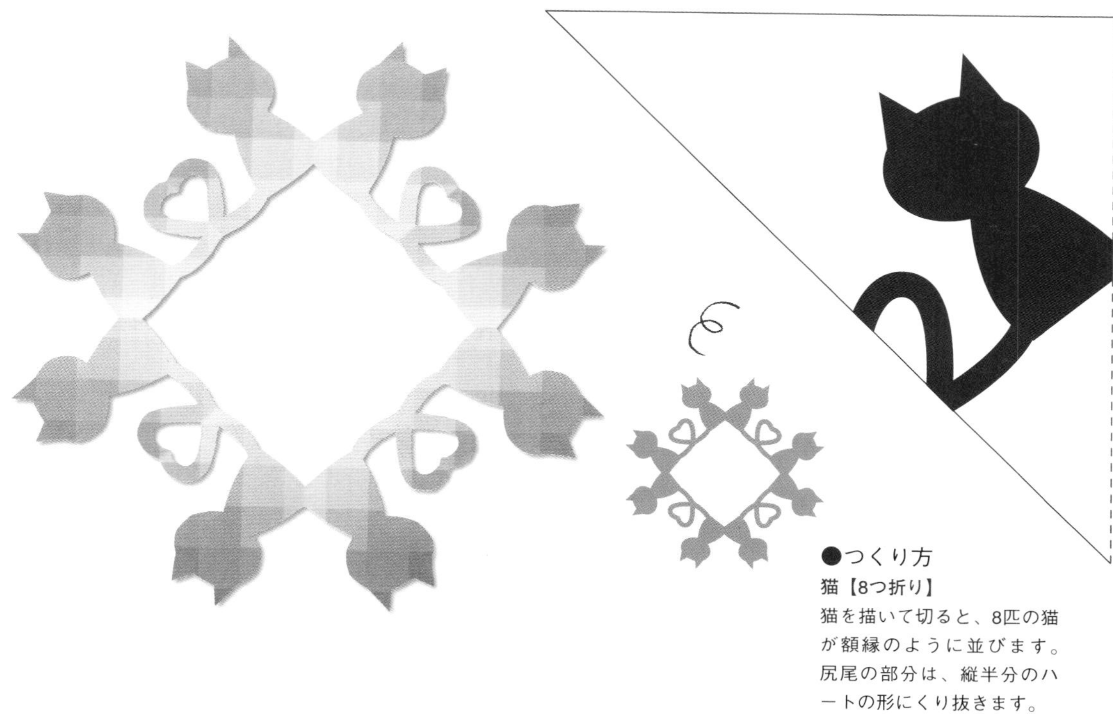

●つくり方

**猫【8つ折り】**

猫を描いて切ると、8匹の猫が額縁のように並びます。尻尾の部分は、縦半分のハートの形にくり抜きます。

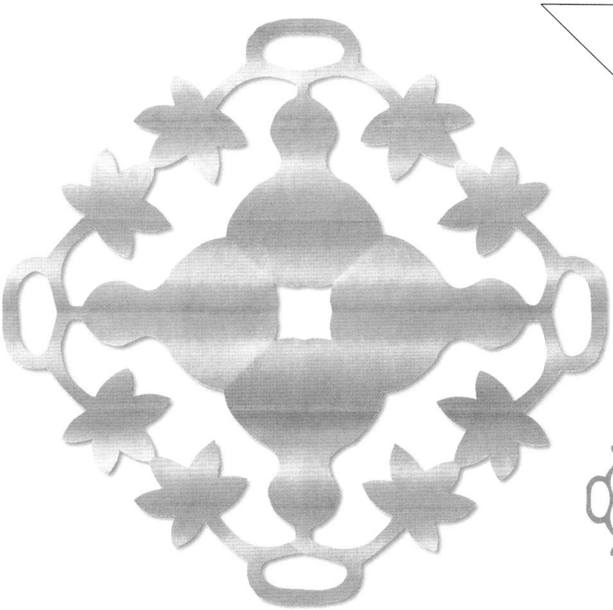

●つくり方

**ひょうたん【8つ折り】**

ひょうたんを描いて切ると、4つのひょうたんが紋章のように連なります。曲線は紙をまわして切りましょう。

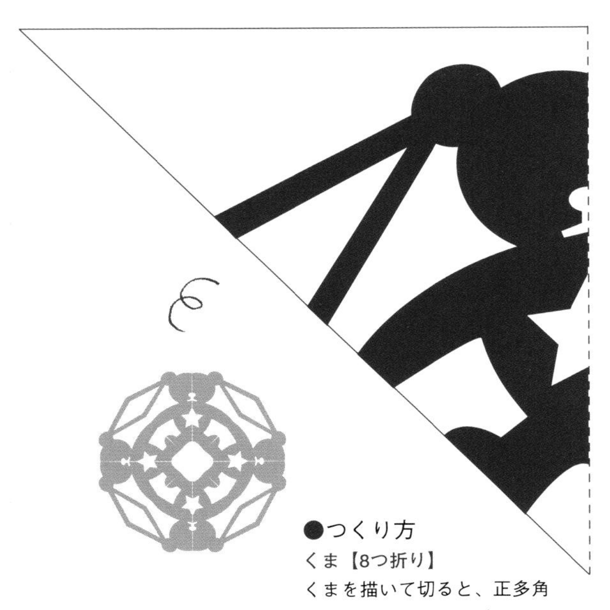

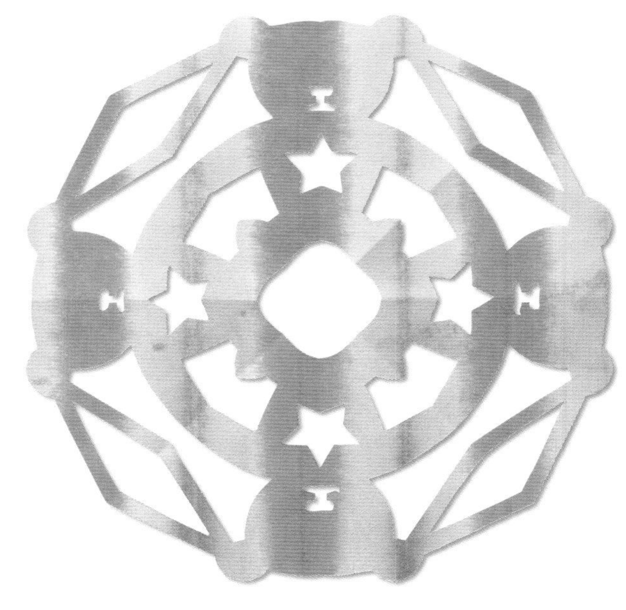

●つくり方
くま【8つ折り】
くまを描いて切ると、正多角形の中に4匹のくまがあらわれます。胴体部分は、縦半分の星形に切りとります。

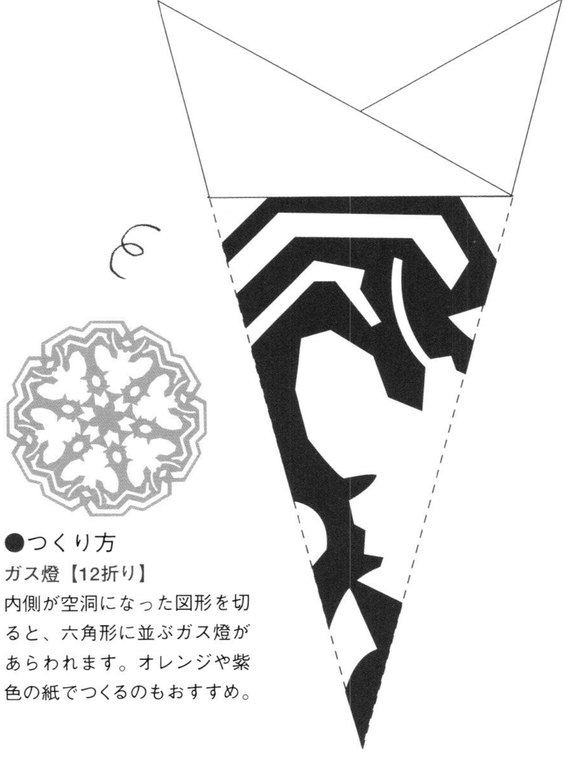

●つくり方
ガス燈【12折り】
内側が空洞になった図形を切ると、六角形に並ぶガス燈があらわれます。オレンジや紫色の紙でつくるのもおすすめ。

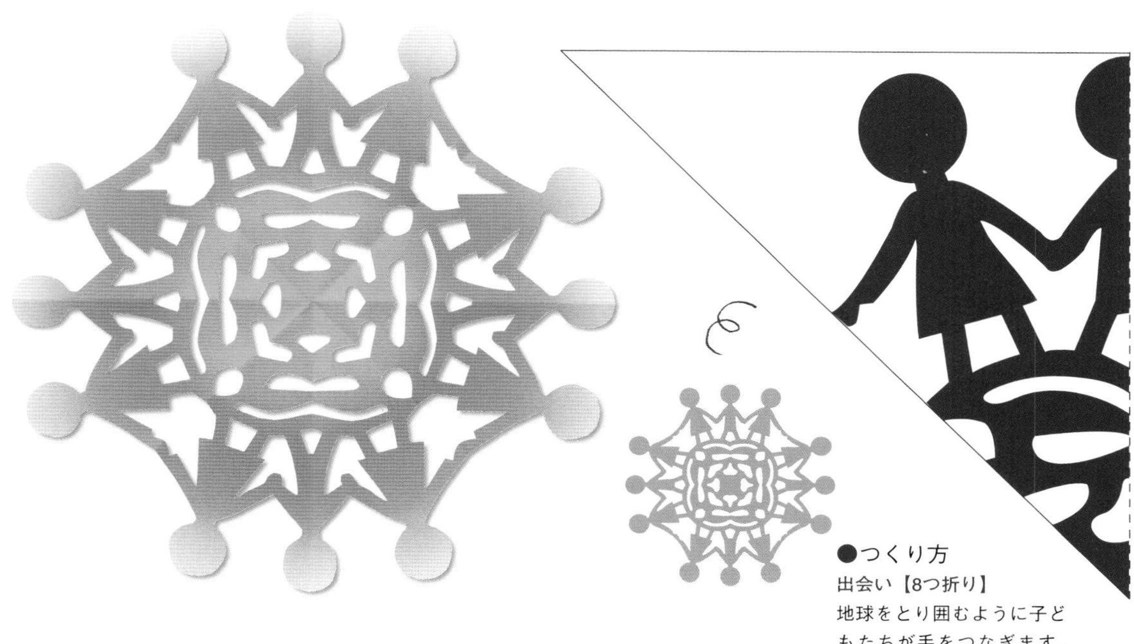

●つくり方
出会い【8つ折り】
地球をとり囲むように子どもたちが手をつなぎます。女の子と男の子は、服の形で差をつけましょう。

●つくり方
鳥【4つ折り】
繊細な模様に4羽の鳥が浮かび上がります。くり抜く部分はカッターで。切り残しがないように気をつけて。

Column

# ステンシルTシャツ

●用意するもの

Tシャツ、色紙、はさみ、布用染料、小皿、ステンシル用の刷毛、スプレーのり

●つくり方

1 好みの柄の切り紙を用意します。
(写真の切り紙→左右ともに14ページ参照)

2 1をTシャツにスプレーのりで貼ります。

3 染料を刷毛につけ、軽く叩くようにして、Tシャツを染めます。

4 染料が乾いたら、切り紙をはずしてできあがり。

※洗濯の際に、色落ちすることがありますのでご注意ください。

Column

# うちわ

●用意するもの

うちわ、色紙、はさみ、スプレーのり

●つくり方

1 好みの柄の切り紙を用意します。切り紙はうちわと似た素材でつくるのがおすすめ。
（写真の切り紙→23ページ参照）

2 うちわに切り紙を貼ってできあがり。

Kai
Iwami

Part
2

# スタンプ風のかわいい切り紙

ホンモノよりも、おいしそう？

# お菓子、果物、キッチン道具

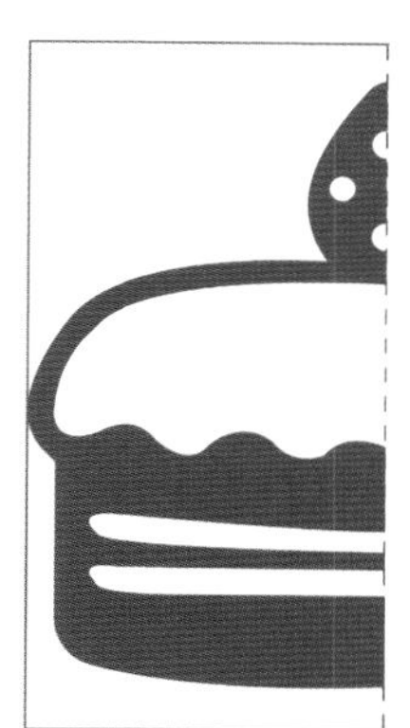

●つくり方
ケーキ【2つ折り】
いちごのショートケーキがあらわれます。スポンジにはクリームの層を。いちごの大きさはお好みで。

●つくり方
キャンディ【2つ折り】
大きな丸いキャンディがあらわれます。袋のギザギザを増やしてみても、かわいらしく仕上がります。

●つくり方
キャンディつなぎ【じゃばら折り】
型紙の青線に沿ってじゃばらに折って切ると、キャンディがつながってあらわれます。

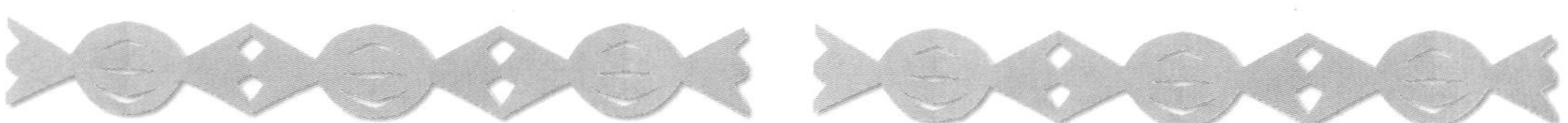

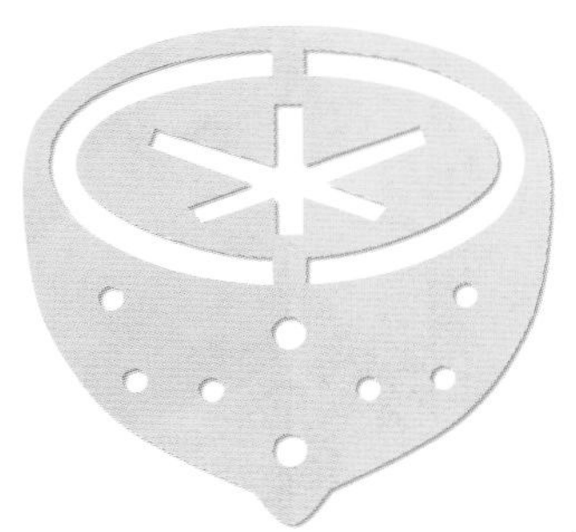
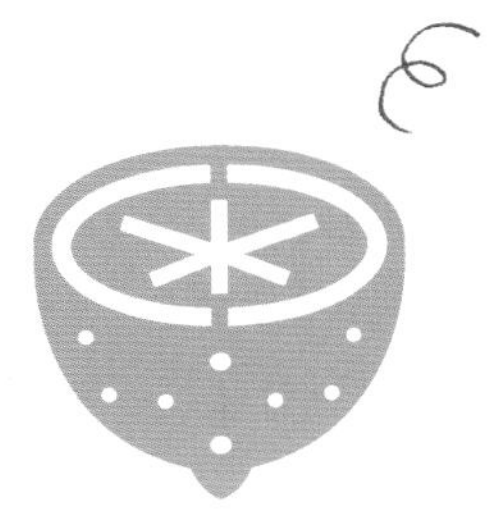
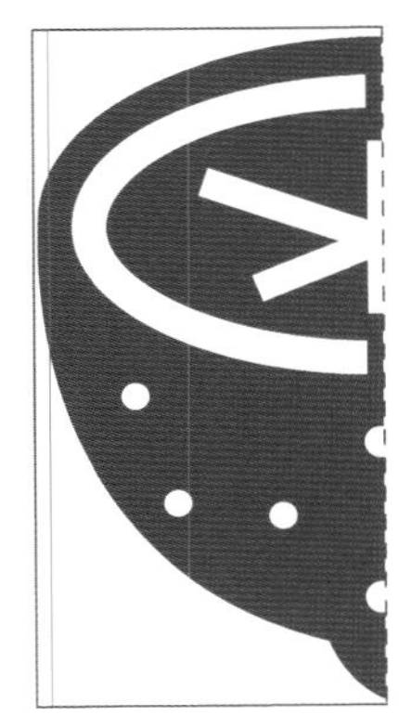

●つくり方

レモン【2つ折り】

縦半分のレモンを描いて切ると、輪切りにしたレモンがあらわれます。ふちの部分はていねいに切って。

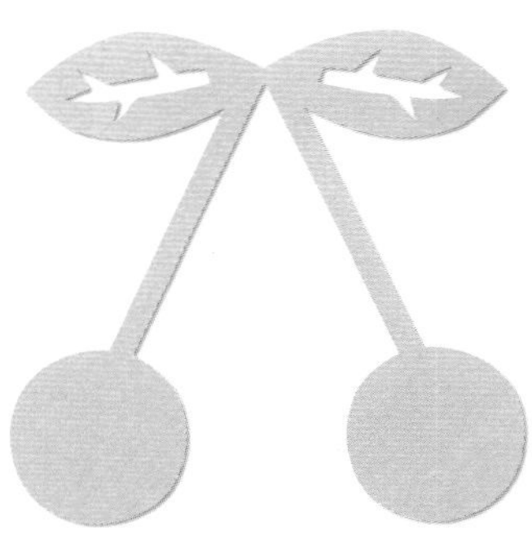

●つくり方

チェリー【2つ折り】

2つにつながったチェリーがあらわれます。葉脈に切り込みを入れるのがポイント。リアルになります。

●つくり方

レモンつなぎ【じゃばら折り】

型紙の青線に沿ってじゃばらに折って切ると、レモンがつながってあらわれます。

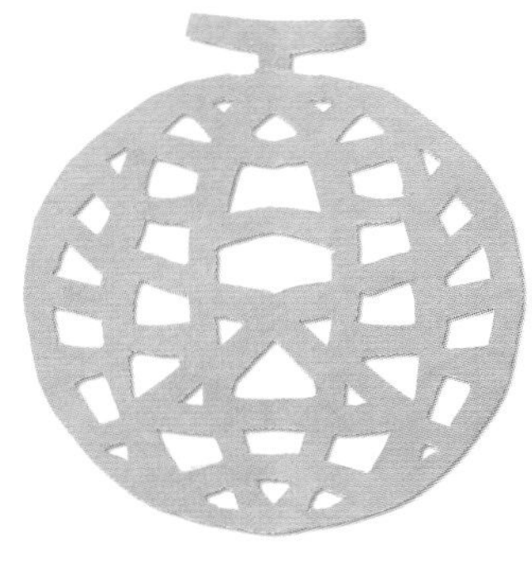

●つくり方

メロン【2つ折り】

マスクメロンがあらわれます。メロンのふしは細くていねいに切り抜くと、美しい仕上がりに。

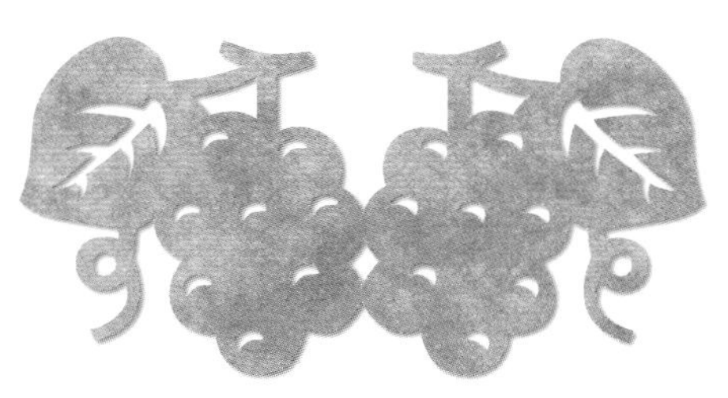

●つくり方

ぶどう【2つ折り】

房つきのマスカットが2つあらわれます。葉脈はていねいに切りとって。ぶどうには照りを入れましょう。

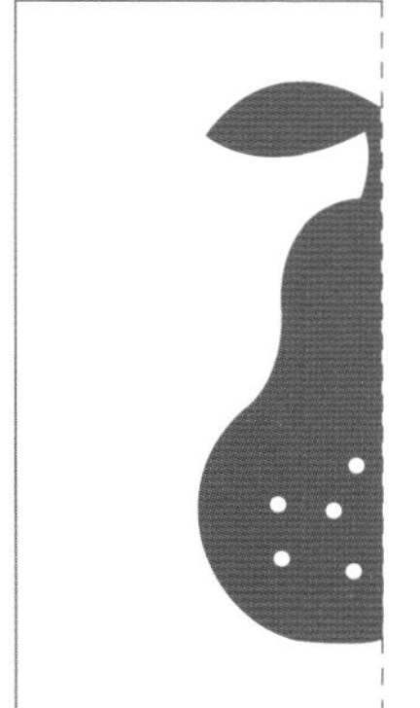

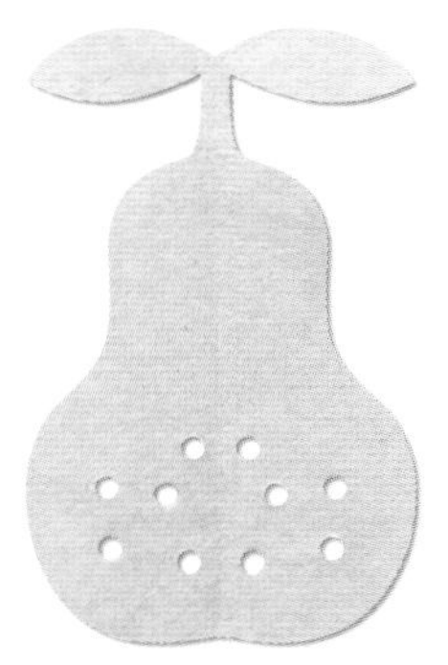

●つくり方

なし【2つ折り】

なしの半分を描いて切ると、洋なしがあらわれます。皮の模様は、カッターの先で少しずつ削りましょう。

●つくり方
はかり【2つ折り】
中の部分を切り抜くと針があらわれます。次に縦半分のはかりを描いて切ります。切り落とさないように注意。

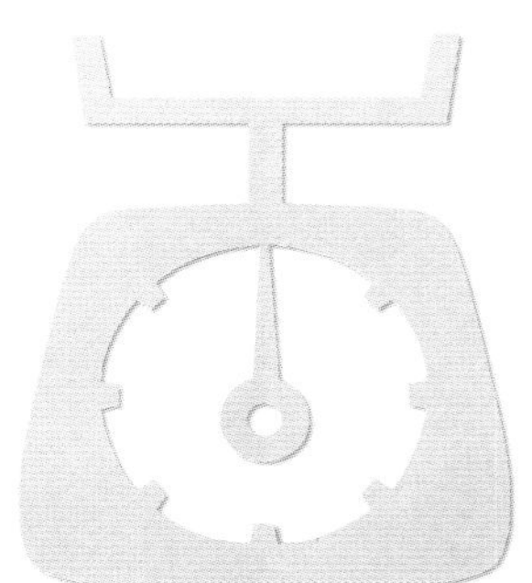

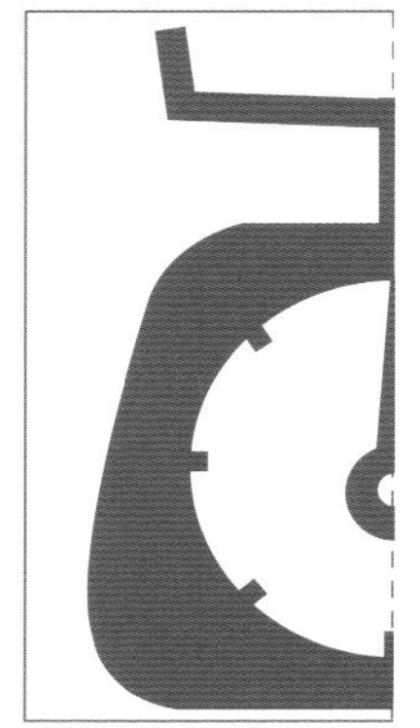

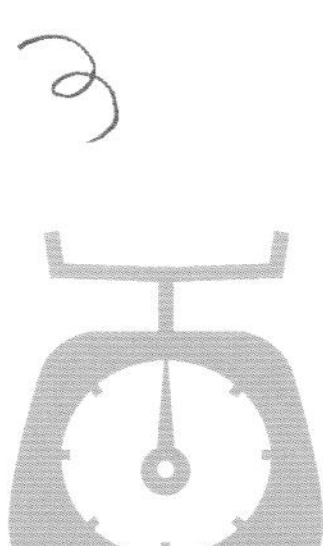

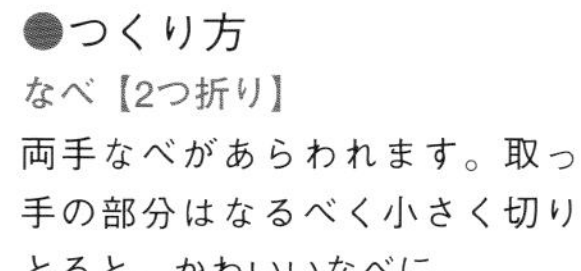

●つくり方
なべ【2つ折り】
両手なべがあらわれます。取っ手の部分はなるべく小さく切りとると、かわいいなべに。

●つくり方
フライ返し【2つ折り】
縦半分の絵を描いて切ります。へらの部分の筋を、切り離さないように注意して。

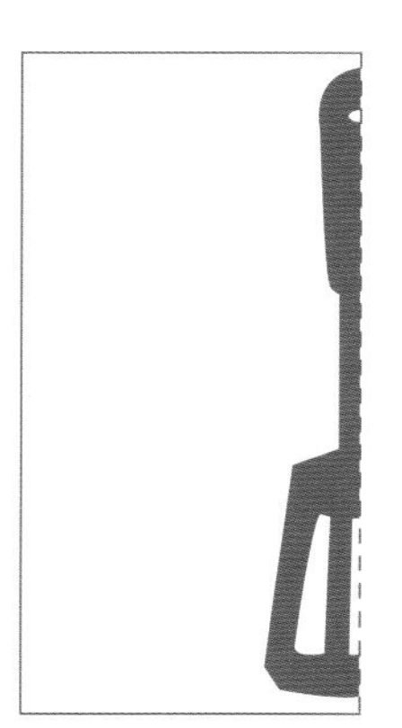

●つくり方

キッチン

1枚紙ではさみやフォーク、皿を切りだします。細い線でつなぐので、切るときはていねいに。

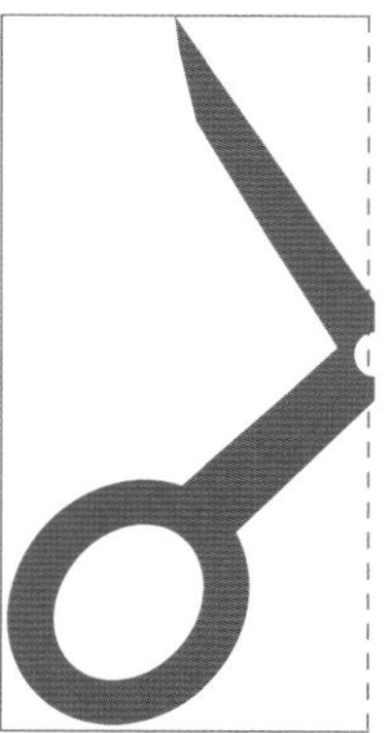

●つくり方

はさみ【2つ折り】

はさみのグリップの丸い部分は、ていねいに切り抜きます。端を切りすぎないよう注意しましょう。

●つくり方

キッチンつなぎ【じゃばら折り】

型紙の破線に沿ってじゃばらに折って切ると、キッチンの柄がつながってあらわれます。

いちばんかわいいのは、あのこ。

# かわいい動物たち

●つくり方

ハートくま【2つ折り】

くまのお腹にハートの模様ができます。目や鼻の切り抜き具合で、表情が微妙にかわります。

●つくり方

木と犬【2つ折り】

木と木陰に立つ犬があらわれます。犬の目を小さく切り抜くと、かわいらしい子犬の印象に。

●つくり方

くまつなぎ【じゃばら折り】

型紙の青線に沿ってじゃばらに折って切ると、くまがつながってあらわれます。

●つくり方

猫【2つ折り】

くるりと巻いたしっぽの猫を描いて切ると、ハートにつながる猫があらわれます。目の大きさで印象がかわります。

●つくり方

パンダの顔【2つ折り】

縦半分の絵を描いて切ります。目尻をグッと下げるのが、パンダ顔のポイント。

●つくり方

パンダ【2つ折り】

背中あわせの2匹のパンダがあらわれます。顔はていねいに切り抜いて。あっかんべーしているみたい?

●つくり方

うさぎ【2つ折り】

かわいいうさぎがあらわれます。耳、目、口を順に切り抜きましょう。顔は好みでアレンジしても。

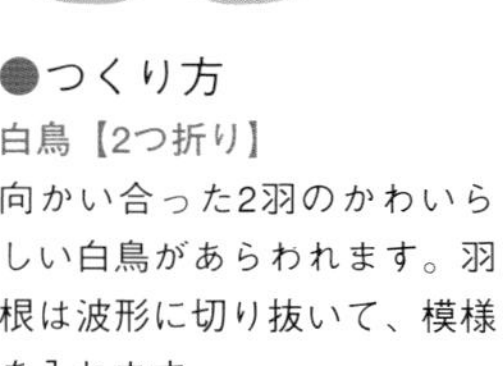

●つくり方

白鳥【2つ折り】

向かい合った2羽のかわいらしい白鳥があらわれます。羽根は波形に切り抜いて、模様を入れます。

●つくり方

白鳥つなぎ【じゃばら折り】

型紙の青線に沿ってじゃばらに折って切ると、白鳥がつながってあらわれます。

●つくり方

ちょうちょう【2つ折り】

羽を広げたちょうちょうのパターン。
羽の模様は好みでアレンジしても。

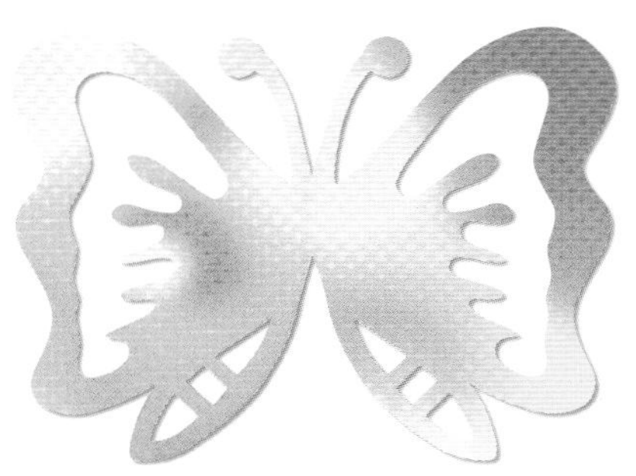

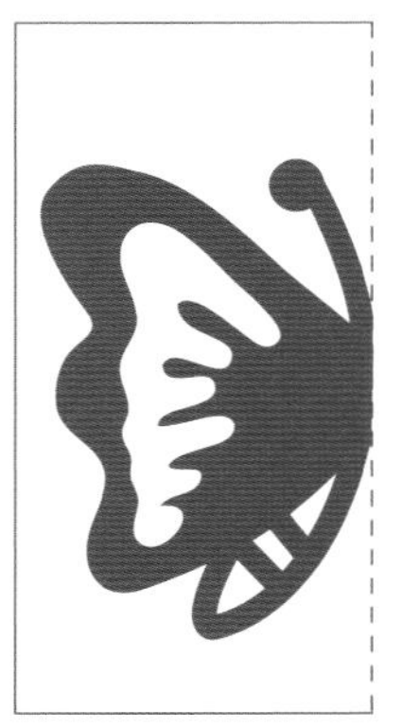

●つくり方

みつばち【2つ折り】

目、お腹の模様と羽のつながっている下の部分を切り抜いてから、みつばちの輪郭を切ります。

●つくり方

ペンギン【2つ折り】

手をつなぐペンギンがあらわれます。目と鼻は最初に開けて、お腹の部分はくり抜きましょう。

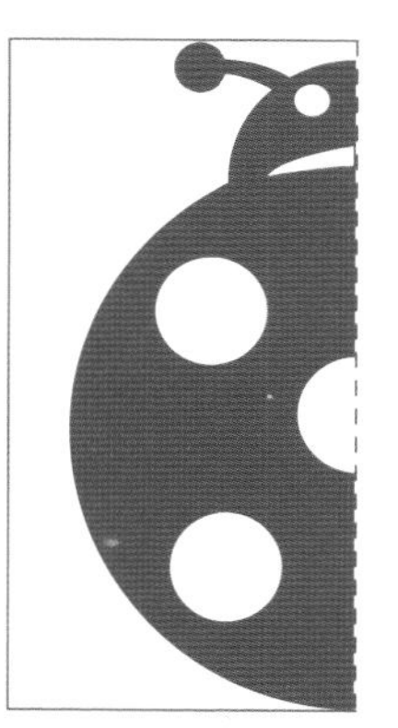

●つくり方

てんとうむし【2つ折り】

顔や羽の模様を切り抜いてから、てんとうむしの輪郭を切ります。丸の大きさをかえて、七星にしても。

●つくり方

タコ【2つ折り】

目の部分を切り抜いてから、縦半分のタコの輪郭を切ります。タコの足に動きをだすと、キュートな印象に。

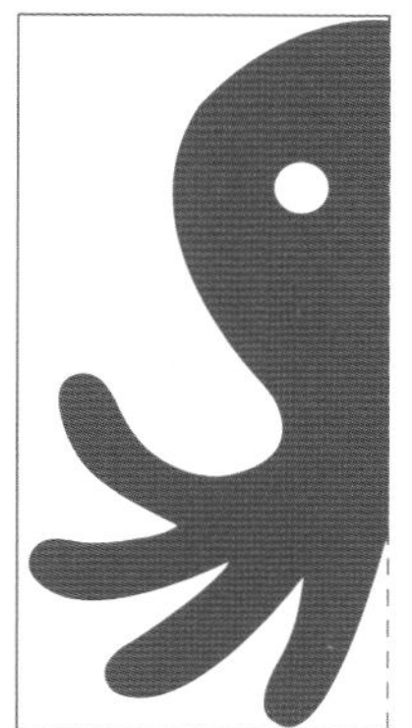

●つくり方

カニ【2つ折り】

お腹の模様を切り抜いてから、縦半分のカニの輪郭を切ります。足の太さは均一に。

●つくり方

カニつなぎ【じゃばら折り】

型紙の青線に沿ってじゃばらに折って切ると、カニがつながってあらわれます。

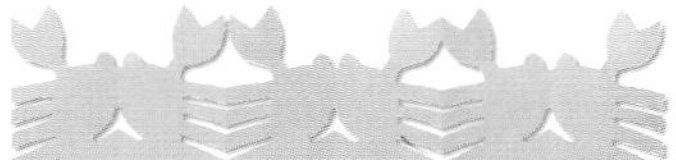

Column

# コースター

●用意するもの

フェルト、接着芯、アイロン、色紙、はさみ、
カッター、カッティングボード

●つくり方

1 好みの柄の切り紙を用意します。
(写真の切り紙→左33ページ、右32ページ参照)

2 フェルトを丸く切ります。

3 フェルトに切り紙、接着芯の順にのせて、
アイロンをかけます。接着したら、できあがり。

Column

# ペン立て

**●用意するもの**

空き缶（茶筒など）、色紙（空き缶用と切り紙用を用意）、はさみ、カッター、カッティングボード、スプレーのり

**●つくり方**

1 好みの柄の切り紙を用意します。
（写真の切り紙→39ページ参照）

2 空き缶に色紙を貼ります。
1を貼って、できあがり。

何に乗せて届けようかな

# 乗り物いろいろ

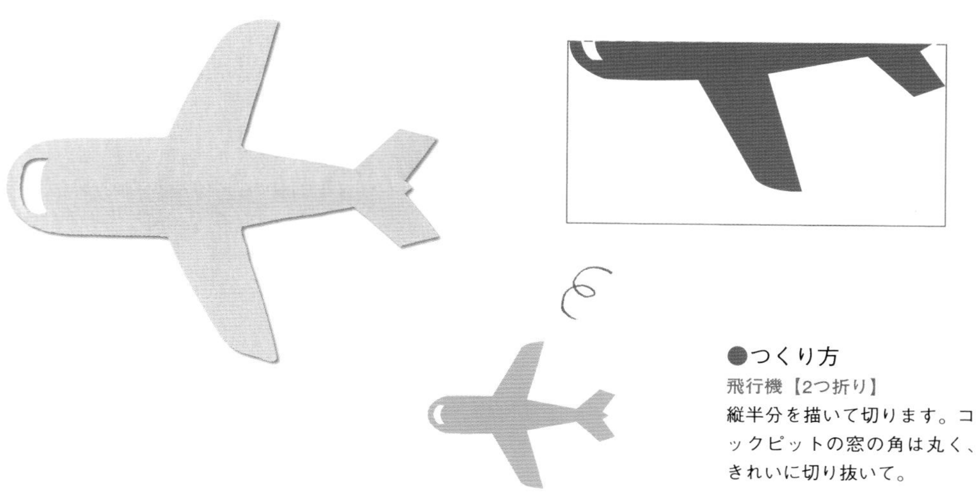

●つくり方

飛行機【2つ折り】

縦半分を描いて切ります。コックピットの窓の角は丸く、きれいに切り抜いて。

●つくり方

気球【2つ折り】

縦半分に描いて切ります。気球の模様は、曲線に沿ってカッターを動かして切り抜きます。

●つくり方
車【2つ折り】
窓とタイヤの中心を切り抜いてから、車の輪郭を切ります。外側より2周りくらい小さく切り抜いて。

●つくり方
バス【2つ折り】
窓を切り抜いてからバスの輪郭を切ります。窓は切り離さないように注意しましょう。

●つくり方
車つなぎ【じゃばら折り】
型紙の青線に沿ってじゃばらに折って切ると、車がつながってあらわれます。

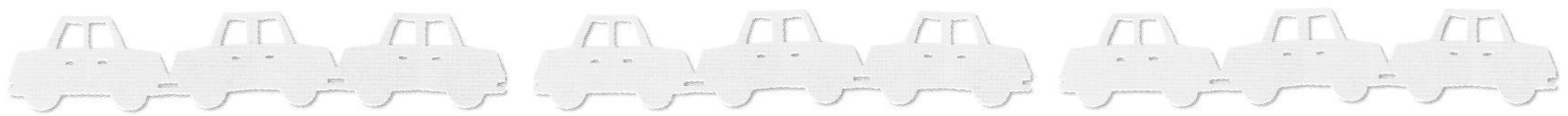

●つくり方

電車【2つ折り】

窓やパンタグラフの内部分を切り抜いてから、電車の輪郭を切ります。パンタグラフは切り離さないように注意して。



●つくり方

船【2つ折り】

豪華客船があらわれます。客室の窓の部分は、丸く小さく切り抜きましょう。船体のラインも忘れずに。

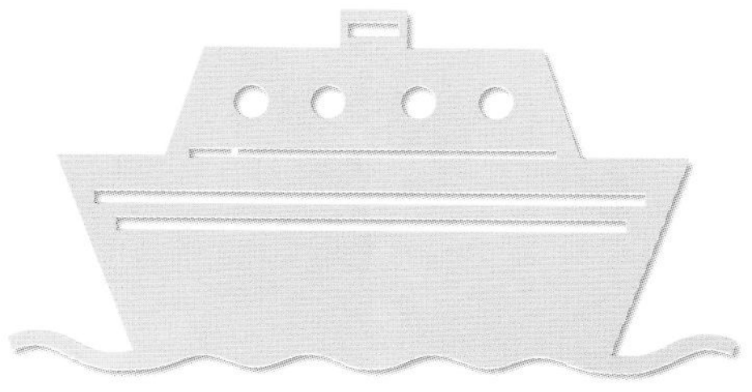

●つくり方

電車つなぎ【じゃばら折り】

紙の折り方をじゃばら折りにかえて切ると、電車がつながってあらわれます。

思いだすのは楽しかった旅のこと

# 外国の街並み

●つくり方

ニューヨーク【2つ折り】

高層ビルが立つ街並みのイメージです。ビルの窓は小さくていねいに切り抜きましょう。

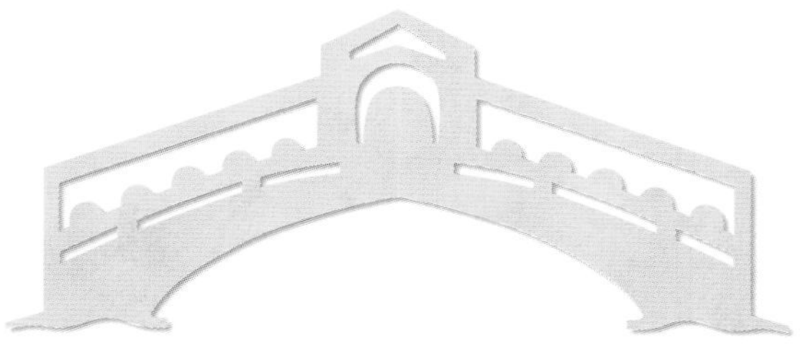

●つくり方

イタリア【2つ折り】

ヴェッキオ橋を切りだします。橋のアーチの模様は、カッターを少しずつ動かすようにして切り抜いて。

●つくり方

街並み【じゃばら折り】

紙の折り方をじゃばら折りにかえて切ると、街並みがつながってあらわれます。

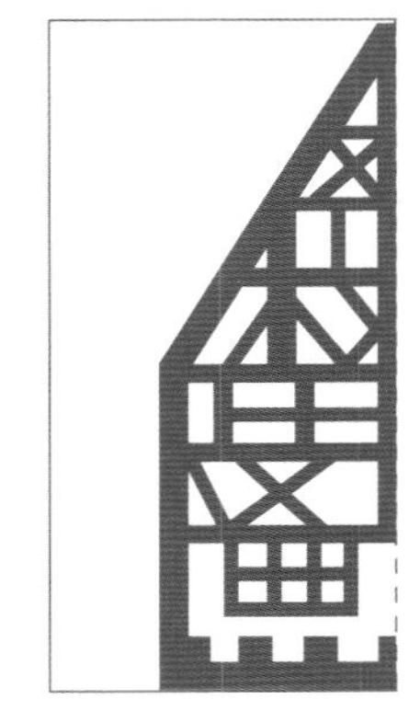

●つくり方

ドイツ【2つ折り】

ドイツ独特の木組みの家を切りだします。窓枠など、建物の内枠部分はていねいに切り抜きます。

●つくり方

オランダ【2つ折り】

水車小屋を切りだします。風車の部分は幅をなるべく均一に切り抜くと美しく仕上がります。

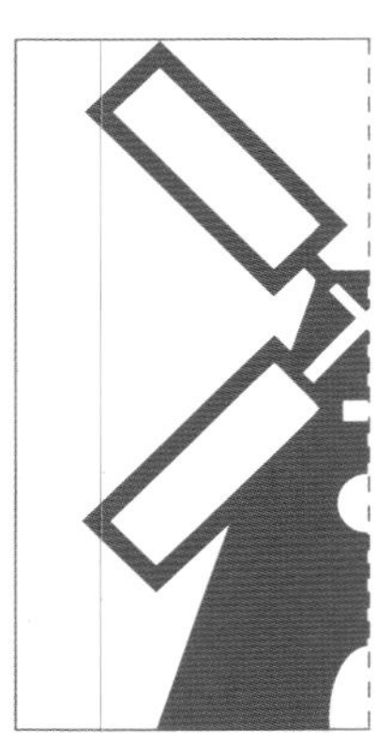

●つくり方

風車つなぎ【じゃばら折り】

型紙の青線に沿ってじゃばらに折って切ると、風車がつながってあらわれます。

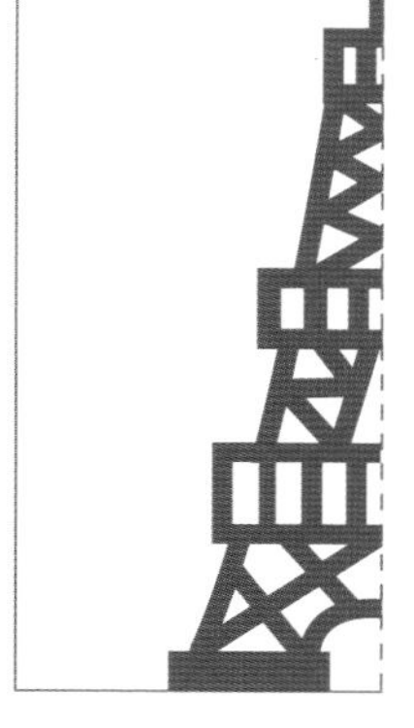

●つくり方

パリ【2つ折り】

エッフェル塔を切りだします。ひし形や長方形をていねいに切り抜くと、鉄骨の感じがでます。

●つくり方

ロンドン【2つ折り】

ビッグ・ベンを切りだします。時計台の部分や窓枠はていねいに切り抜きましょう。時計の針は自由に向きを変えて。

## ちょっとだけ和のテイストが好き

# 和柄＆めでたづくし

●つくり方
もみじ【2つ折り】
緑、黄、赤の色紙を使うのがおすすめ。葉脈は、先端をなるべく細く切り抜きましょう。

●つくり方
花【2つ折り】
枝葉つきの花を切りだします。花弁の部分は、カッターを立てるようにして細かく切り抜いて。
※長方形の紙でつくりましょう。
型紙は3.5×3.5cmです。

●つくり方
花つなぎ【じゃばら折り】
型紙の青線に沿ってじゃばらに折って切ると、花がつながってあらわれます。

●つくり方

扇子【2つ折り】

扇子の中の柄と持ち手の部分は切り抜き、縦半分に扇子を描いて切ります。中の柄は好みでアレンジも。

●つくり方

鯛【2つ折り】

上を向いた鯛を切りだします。うろこの部分はていねいに切り抜いて。うろこは少なくしてもOK。

●つくり方

扇子つなぎ【じゃばら折り】)

型紙の青線に沿ってじゃばらに折って切ると、扇子がつながってあらわれます。

●つくり方

招き猫【2つ折り】

招き猫を切りだします。目と鼻、手、鈴の部分を順に切り抜き、輪郭を切ります。手は細くていねいに。

●つくり方

だるま【2つ折り】

顔の部分と模様を切り抜き、縦半分のだるまの輪郭を切ります。パーツが細かいので、少しずつ切って。

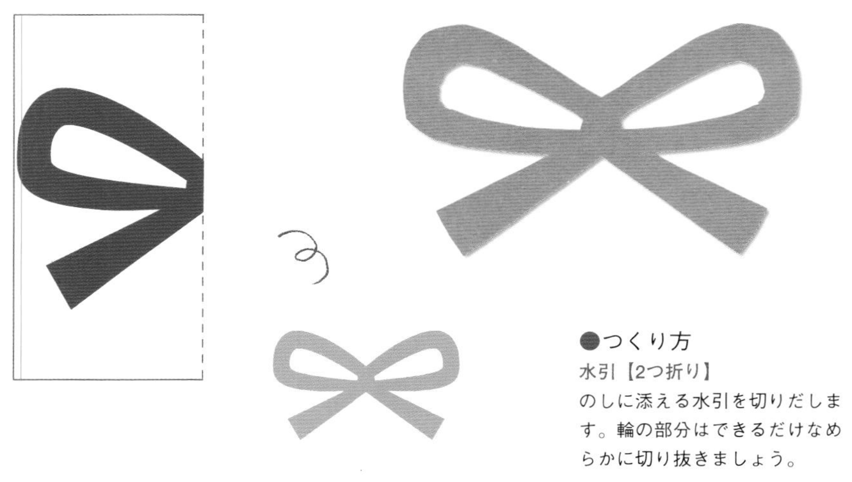

●つくり方

水引【2つ折り】

のしに添える水引を切りだします。輪の部分はできるだけなめらかに切り抜きましょう。

●つくり方

折り鶴【2つ折り】

折り鶴を切りだします。羽根の筋は細く切り抜くと、上品な印象に仕上がります。

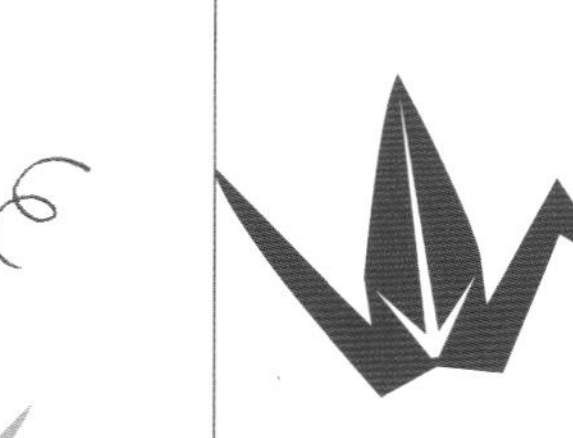

●つくり方

水引つながり【じゃばら折り】

型紙の青線に沿ってじゃばらに折って切ると、水引がつながってあらわれます。

Column

# ストラップ

ストラップ の型紙

うさぎ

くま

●用意するもの

手づくりストラップキット、色紙、はさみ、カッター、カッティングボード

●つくり方

1 好みの柄の切り紙を用意する。

2 ストラップキットのプラスチックケースに、1をはめ込んでできあがり。

※一度はめ込むと、切り紙を取りだせません。ストラップキットは大手百貨店やネットで購入できます。

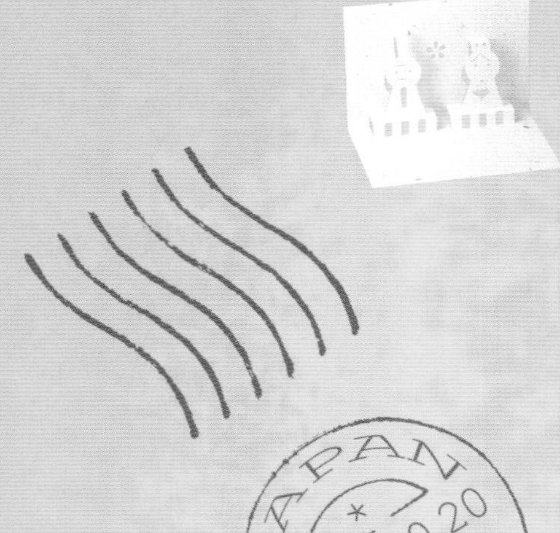

Spring

JAPAN
2007.10.20
KAI
TOKYO

Summer

Birthday

Christmas

Autumn

Winter

# 12ヶ月の切り紙カード

# Birthday

no.1

**メリーゴーランドのカード**

(型紙は72ページ)

木馬のメリーゴーランドで夢の世界へ。遊園地の楽しい雰囲気が伝わります。

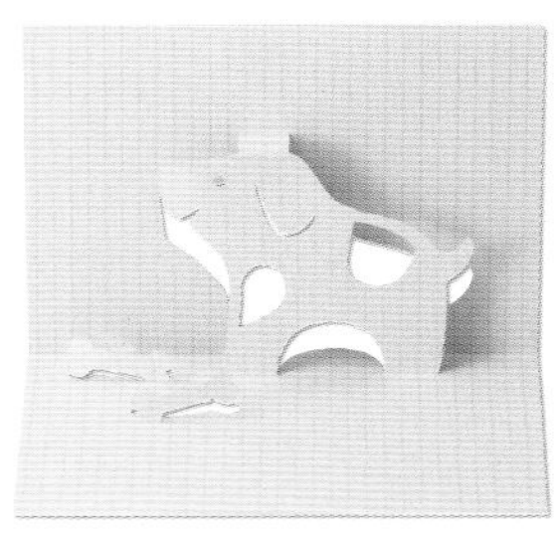

no.2

**犬のカード**

(型紙は73ページ)

かわいいダルメシアンの子犬が、ごちそうのプレゼントを届けにきました。

# Christmas

no.3

**ツリーのカード**

（型紙は74ページ）

聖夜には大きなツリーが似合います。木にはかわいいオーナメントを飾って。

no.4

**リースのカード**

（型紙は75ページ）

クリスマスリースのカードで、華やかに。鈴とひいらぎの葉がロマンチック。

# Spring

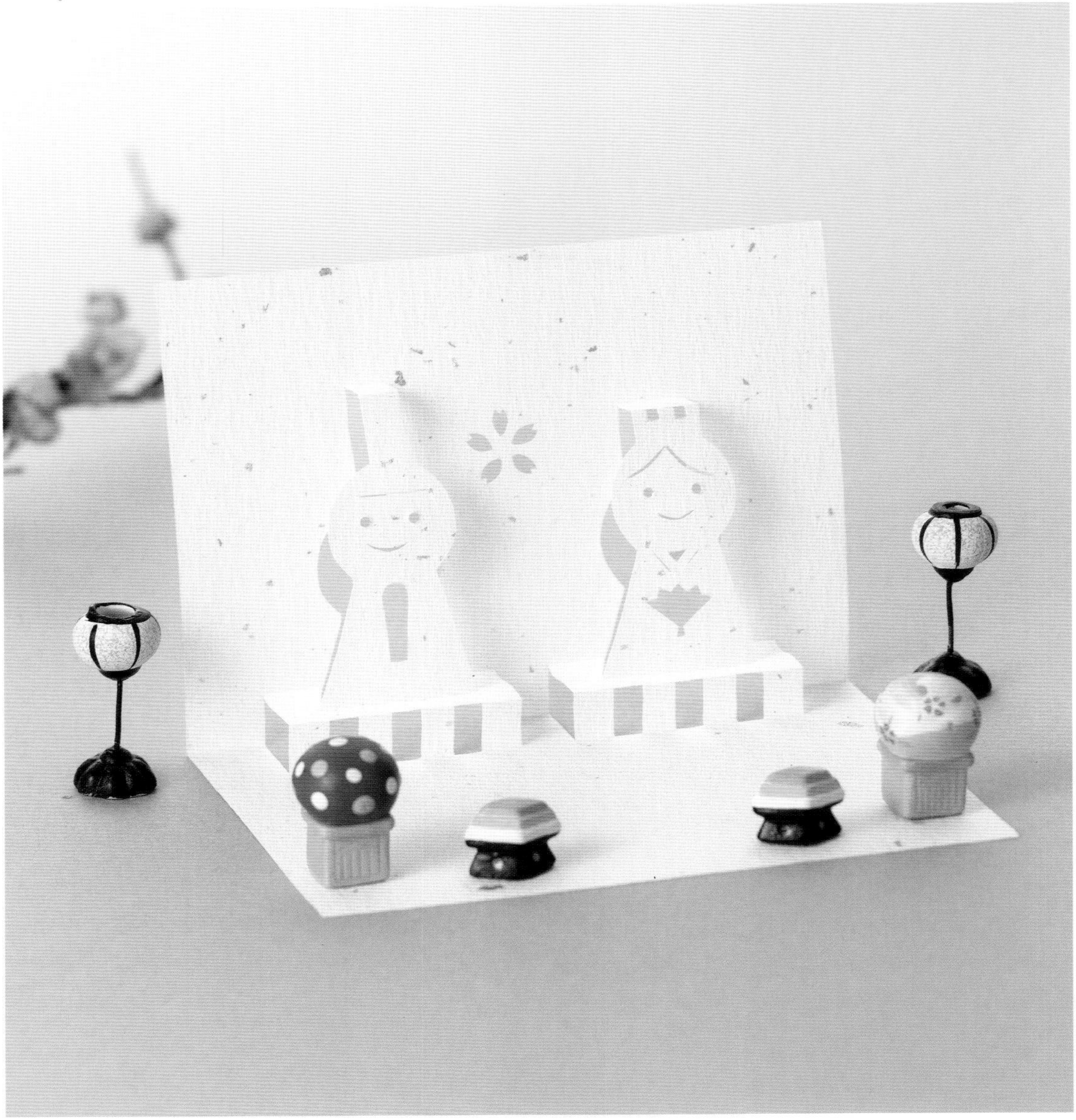

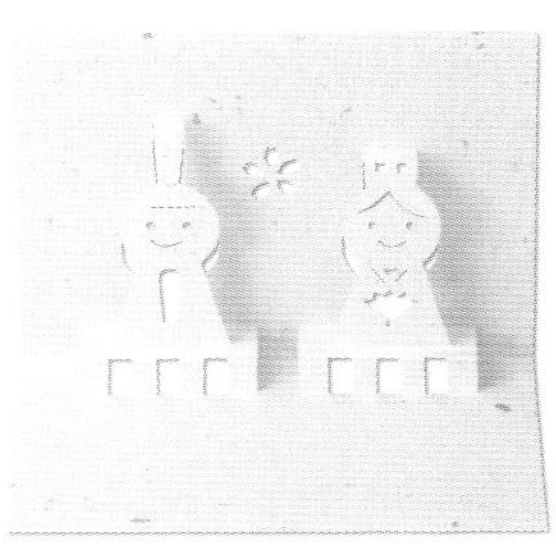

no.5

**ひな祭りのカード**

（型紙は76ページ）

女の子の節句のお祝いに。
ひな壇にはお内裏さまとお
ひなさまが並んでにっこり。

March

April

no.6

**家のカード**

（型紙は77ページ）

新しい門出の季節。「引っ越しました」のお知らせカードにもどうぞ。

May

no.7

**カーネーションのカード**

（型紙は78ページ）

母の日には真っ赤なカーネーションを。ありがとうの言葉も忘れずに。

# Summer

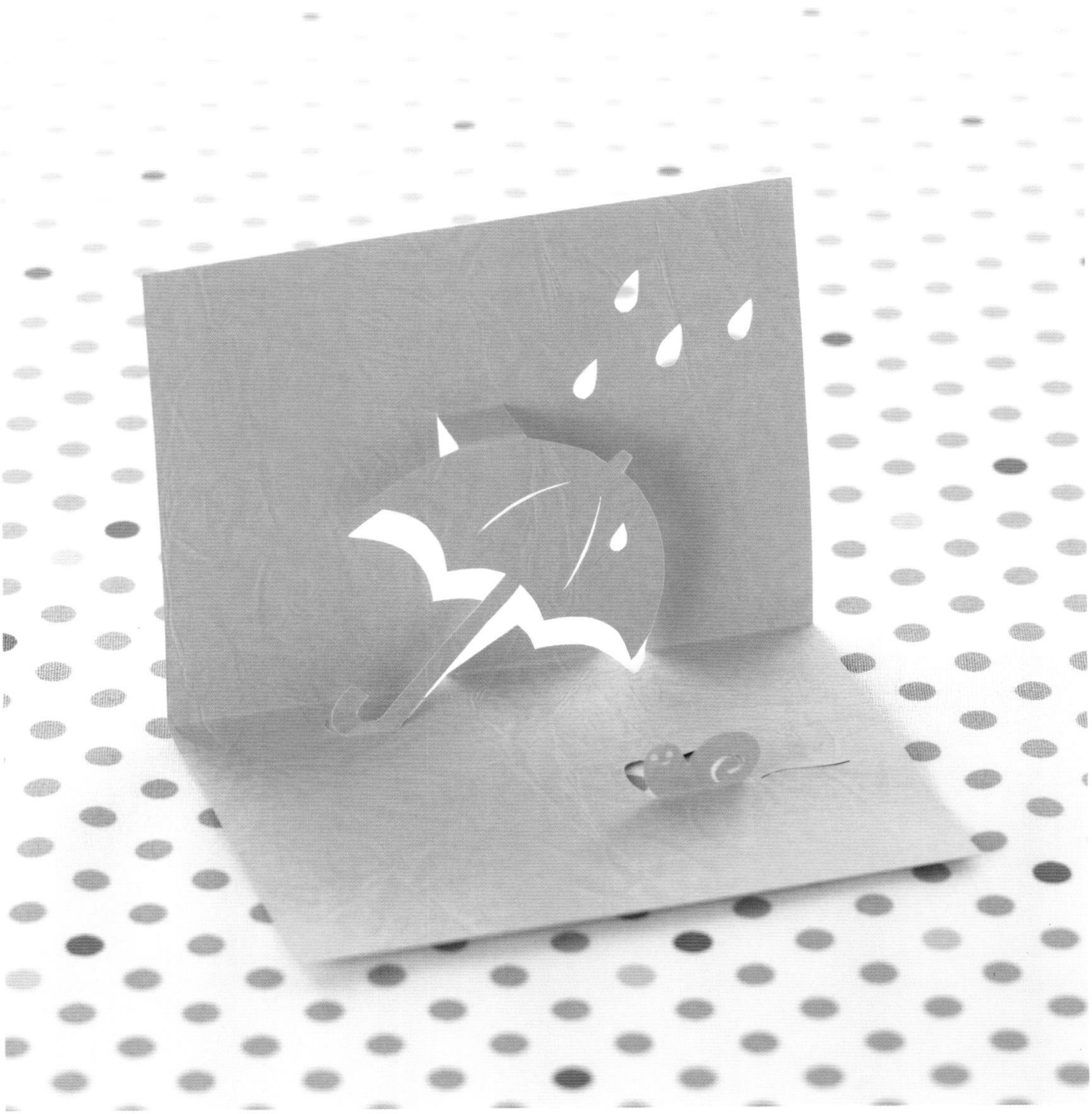

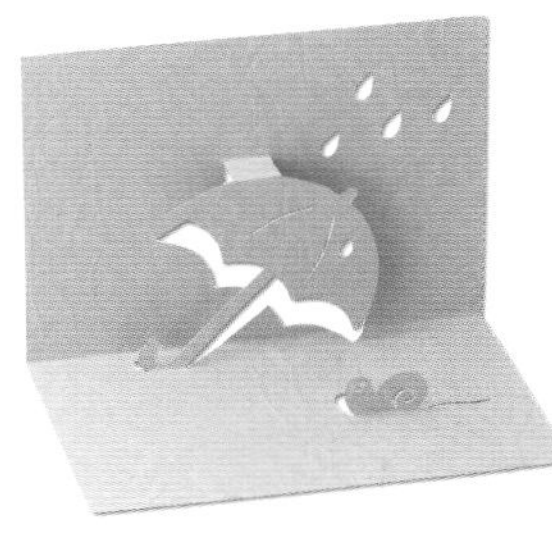

## no.8

**傘のカード**
（型紙は79ページ）
傘をさしておでかけしましょう。かたつむりが雨の中をゆっくりお散歩中。

June

July

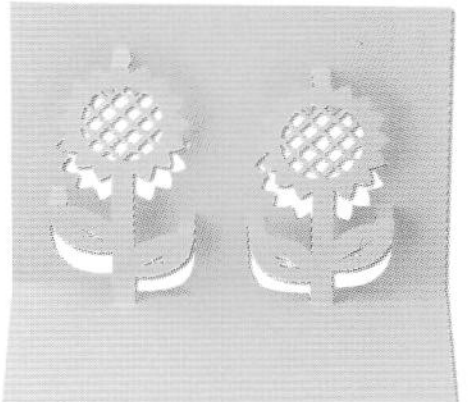

no.9

**ひまわりのカード**
（型紙は80ページ）
さんさんと太陽がまぶしい夏。ひまわりとともに陽気な季節がやってきました。

August

no.10

**すいかのカード**
（型紙は81ページ）
夏の風物詩といえばすいか。よく見ると紙の柄がすいかの種のよう。お好みで塩もどうぞ。

# Autumn

no.11

**月夜のカード**
（型紙は82ページ）
十五夜のお月さま、うさぎがもちつきを始めました。名月の夜にあう紫色のカードで。

September

October

no.12

**ハロウィーンのカード**
（型紙は83ページ）
かぼちゃのおばけ、こうもりも飛んで来て、にぎやかなハロウィーンパーティの始まり。

November

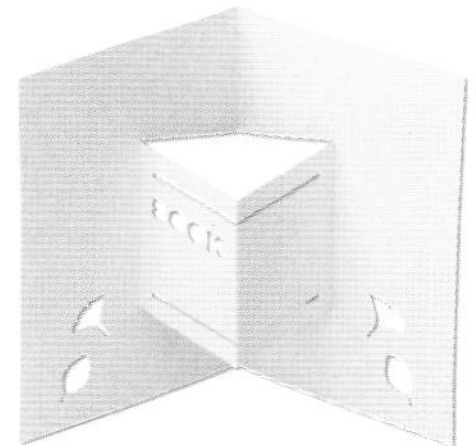

no.13

**本のカード**
（型紙は84ページ）
カードを開くと本も開くしかけ。秋を彩る銀杏の葉が読書の秋にぴったり。

# Winter

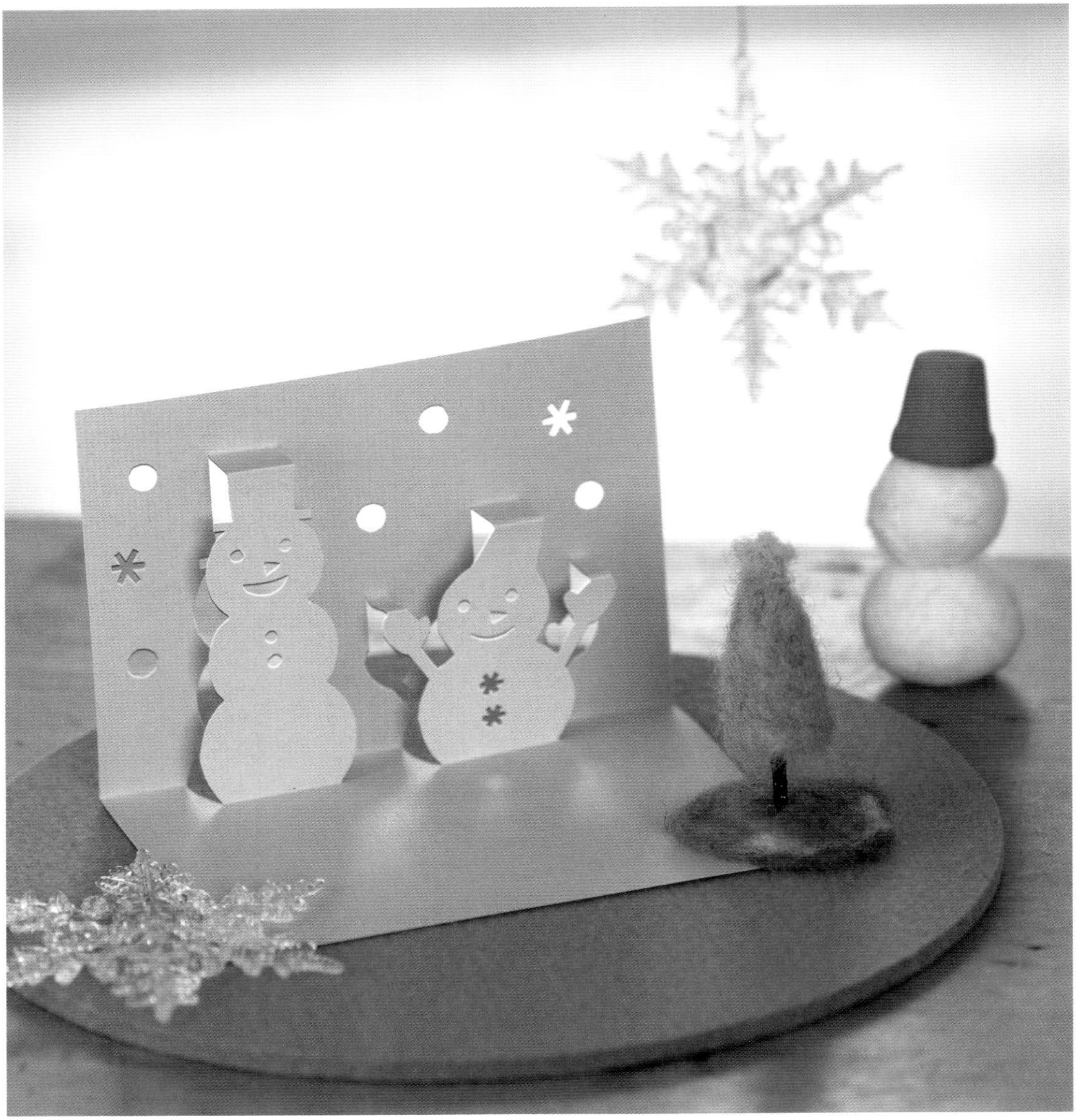

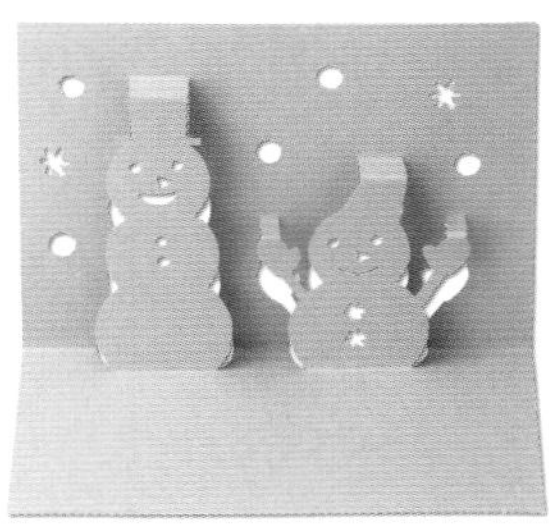

no.14

**雪だるまのカード**
（型紙は85ページ）
なかよく並んだ雪だるまのカード。冬景色に雪の結晶がよく映えます。

December

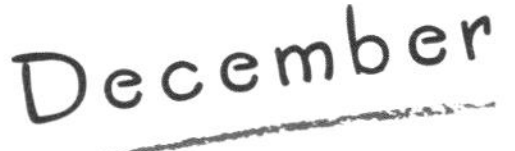

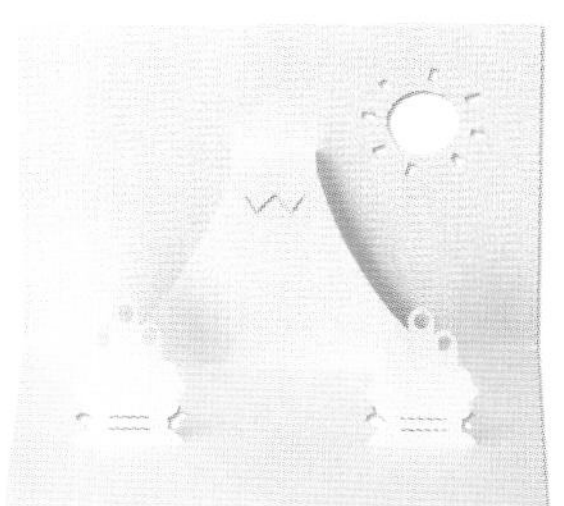

no.15

お正月のカード

（型紙は86ページ）

年賀状には、富士山から見える初日の出のカードを。門松をそえて来る年を祝います。

February

no.16

バレンタインのカード

（型紙は87ページ）

たくさんのハートが立ち上がります。カレにはもちろん、友チョコにも。

# 切り紙カードのつくり方

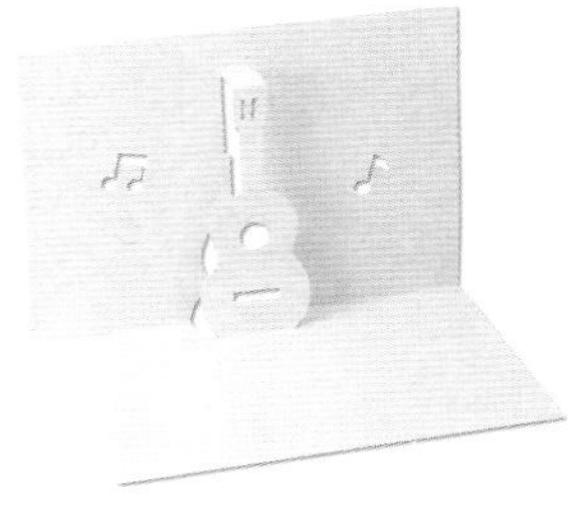

## 音楽会のカード

●用意するもの

B6サイズの紙（2つ折りにして立つ厚さ）、カッター、カッティングシート、はさみ、トレーシングペーパー、ボールペン

●つくり方

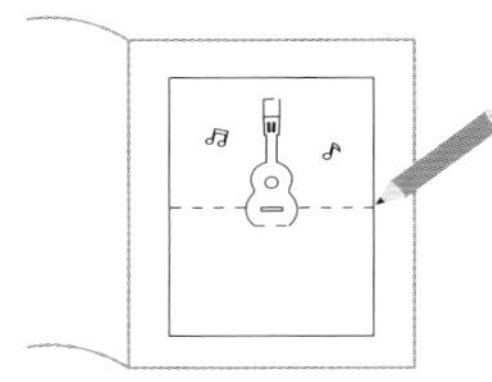

❶型紙の上にトレーシングペーパーをのせ、鉛筆で濃く絵柄をなぞります。

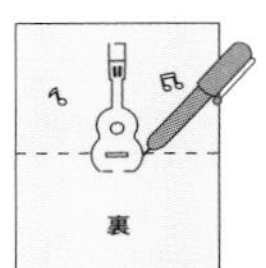


❷トレーシングペーパーをカードの上に裏返して置き、ボールペンで鉛筆線をなぞり絵柄を転写します。

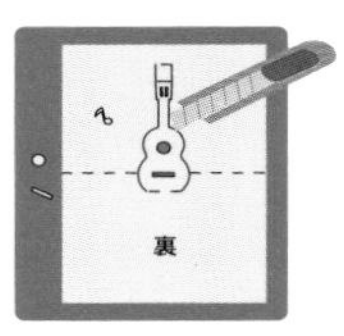


❸音符やギターの中のパーツなど細かい部分は先に切り抜きます。型紙の指示どおり折ると、立体切り紙カードのできあがり。

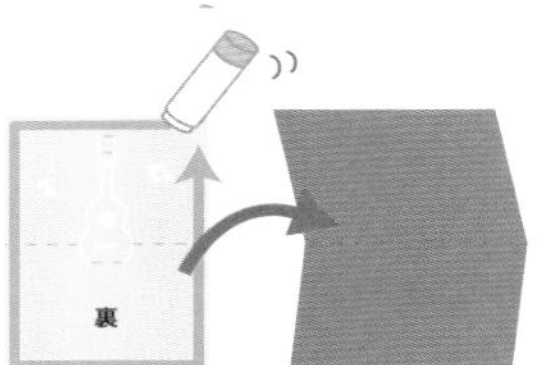


❹プレゼントするときは裏に台紙を貼りましょう。周囲だけのりで止めます。台紙は貼る前にあらかじめ２つ折りにして。台紙はカードより１～２㎜大きくつくると、きれいに仕上がります。空いているスペースにはメッセージを。

［型紙の記号］

●実線 ———

カッターで切る。

※以下の記号の部分は切らずに、型紙の指示に従って紙を折る。

●谷折り -------

線が内側になるように折る。

●山折り —・—・—

線が外側になるように折る。

# 音楽会のカードの型紙

——— 切る　- - - - - - - 谷折り　—・—・— 山折り

★ポイント

70ページのつくり方の要領でカードに型紙の絵柄を転写し、型紙の指示どおり切って折ります。音符とギターの中のパーツは先に切り抜きます。

## no.1 メリーゴーランドのカードの型紙

**★ポイント**（作品は60ページ）
70ページのつくり方の要領でカードに型紙の絵柄を転写し、型紙の指示どおり切って折ります。メリーゴーランドの窓の部分は先に切り抜きます。

## no.2 犬のカードの型紙

——— 切る　- - - - - - 谷折り　- · — · — 山折り

**★ポイント**（作品は60ページ）
70ページのつくり方の要領でカードに型紙の絵柄を転写し、型紙の指示どおり切って折ります。犬の顔や模様は先に切り抜きましょう。

# no.3 ツリーのカードの型紙

——— 切る　- - - - - - 谷折り　- · — · - 山折り

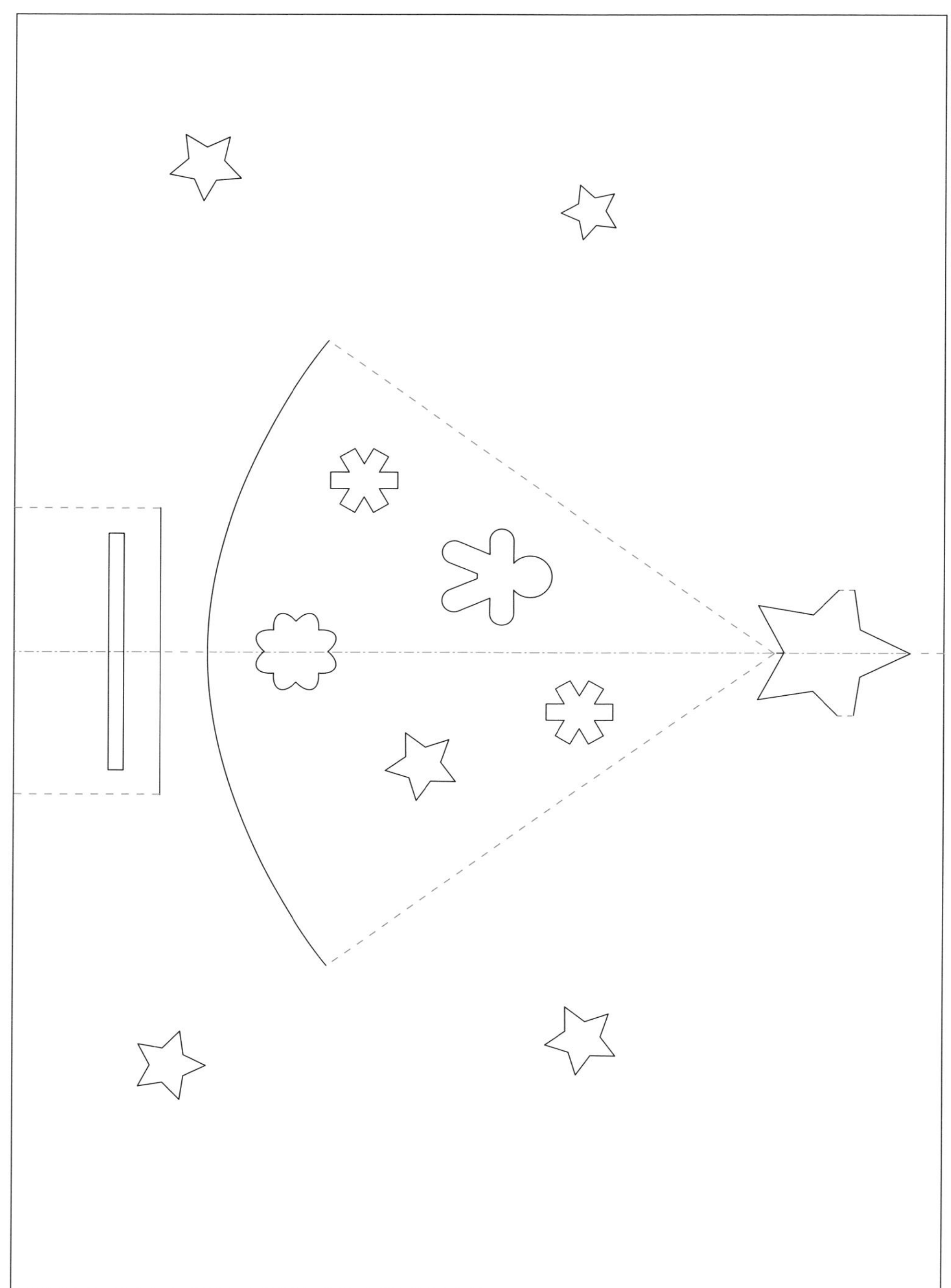

**★ポイント**（作品は61ページ）
70ページのつくり方の要領でカードに型紙の絵柄を転写し、型紙の指示どおり、切って折ります。周囲の星やツリーの飾りは先に切り抜きます。

## no.4 リースのカードの型紙

—— 切る　- - - - 谷折り　— · — · 山折り

**★ポイント**（作品は61ページ）
70ページのつくり方の要領でカードに型紙の絵柄を転写し、型紙の指示どおり切って折ります。リースの丸い飾りは先に切り抜きます。

# no.5 ひな祭りのカードの型紙

——— 切る　- - - - - - - 谷折り　— · — · — 山折り

**★ポイント**（作品は62ページ）
70ページのつくり方の要領でカードに型紙の絵柄を転写し、型紙の指示どおり切って折ります。桜や顔などは先に切り抜きます。

# no.6 家のカードの型紙

―― 切る ------ 谷折り —・—・— 山折り

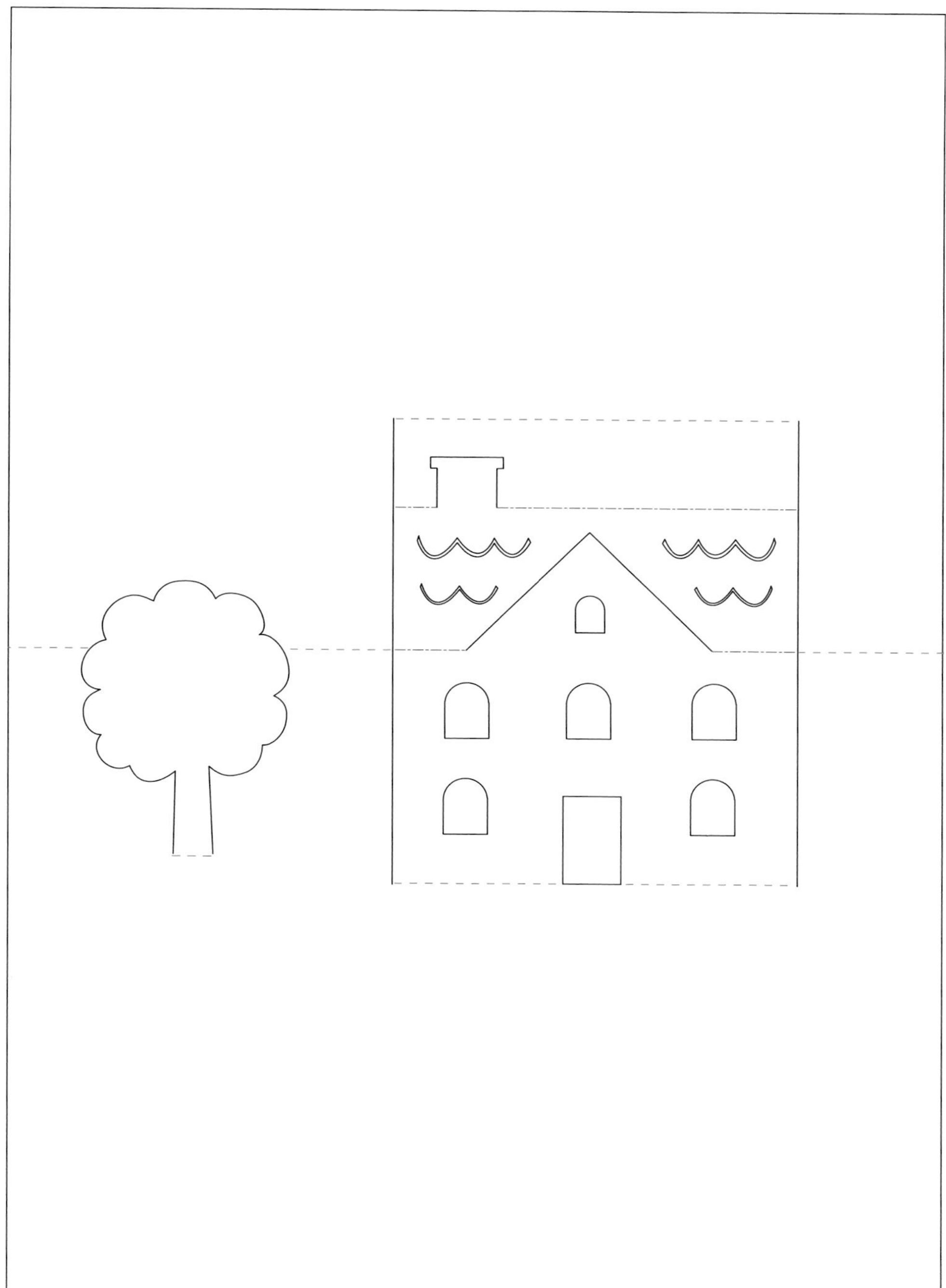

**★ポイント**（作品は63ページ）
70ページのつくり方の要領でカードに型紙の絵柄を転写し、型紙の指示どおり切って折ります。窓や扉は先に切り抜きます。

# no.7 カーネーションのカードの型紙

—— 切る　------ 谷折り　—・—・— 山折り

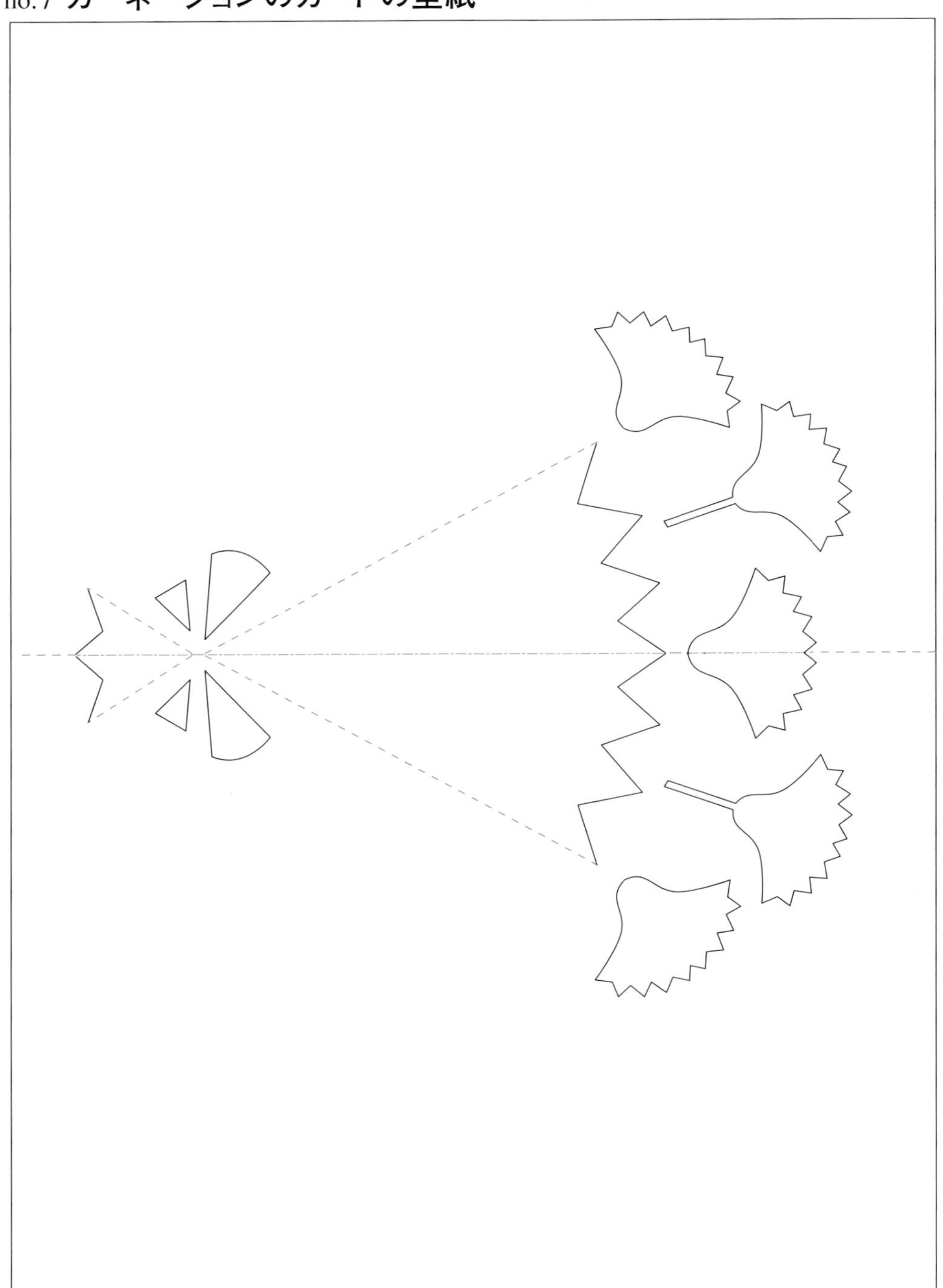

**★ポイント**（作品は63ページ）
70ページのつくり方の要領でカードに型紙の絵柄を転写し、型紙の指示どおり、切って折ります。花とリボンは先に切り抜きます。

## no.8 傘のカードの型紙

——— 切る　- - - - - - 谷折り　- · - · - 山折り

**★ポイント**（作品は64ページ）
70ページのつくり方の要領でカードに型紙の絵柄を転写し、型紙の指示どおり切って折ります。しずくやかたつむりの柄は先に切り抜きます。

## no.9 ひまわりのカードの型紙

——— 切る ------ 谷折り -・-・- 山折り

**★ポイント**（作品は65ページ）
70ページのつくり方の要領でカードに型紙の絵柄を転写し、型紙の指示どおり切って折ります。種の部分は切り離さないようていねいに。

# no.10 すいかのカードの型紙

——— 切る　------- 谷折り　—・—・— 山折り

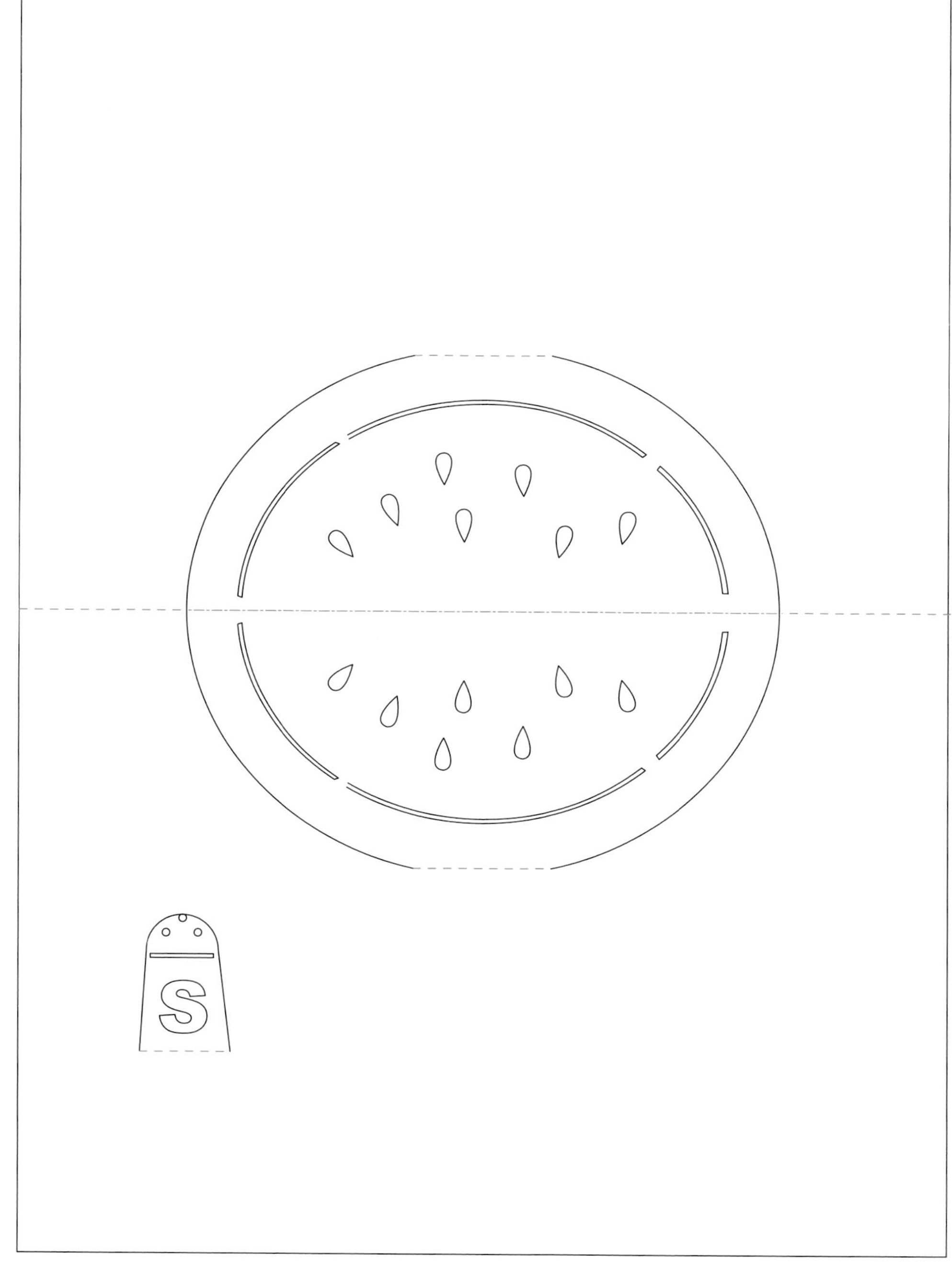



**★ポイント**（作品は65ページ）
70ページのつくり方の要領でカードに型紙の絵柄を転写し、型紙の指示どおり、切って折ります。種や塩の柄は先に切り抜きます。

## no.11 月夜のカードの型紙

——— 切る　- - - - - - 谷折り　- · - · - 山折り

**★ポイント**（作品は66ページ）
70ページのつくり方の要領でカードに型紙の絵柄を転写し、型紙の指示どおり切って折ります。月やうさぎの耳、顔は先に切り抜きます。

# no.12 ハロウィーンのカードの型紙

―― 切る　- - - - 谷折り　-・-・- 山折り

カード型紙

**★ポイント**（作品は67ページ）
70ページのつくり方の要領でカードに型紙の絵柄を転写し、型紙の指示どおり切って折ります。目と口、背景は先に切り抜きます。

# no.13 本のカードの型紙

――― 切る　- - - - - - 谷折り　_ . _ . _ 山折り

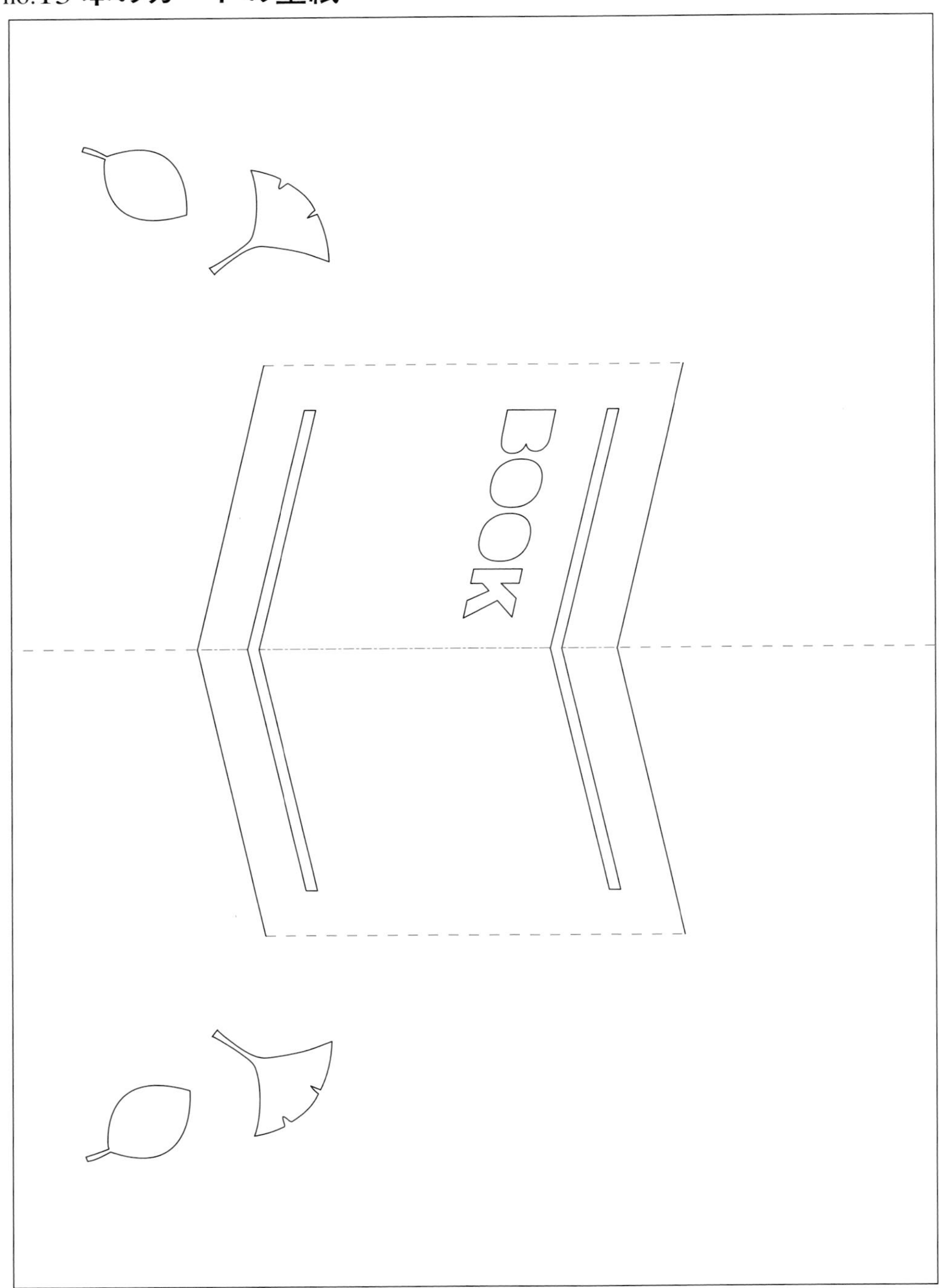


**★ポイント**（作品は67ページ）
70ページのつくり方の要領でカードに型紙の絵柄を転写し、型紙の指示どおり切って折ります。本の柄や落ち葉は先に切り抜きます。

# no.14 雪だるまのカードの型紙

—— 切る ------ 谷折り —・—・— 山折り

**★ポイント**（作品は68ページ）
70ページのつくり方の要領でカードに型紙の絵柄を転写し、型紙の指示どおり切って折ります。ボタンや雪の丸い部分は先に切り抜きます。

## no.15 お正月のカードの型紙

——— 切る　------ 谷折り　-・-・- 山折り

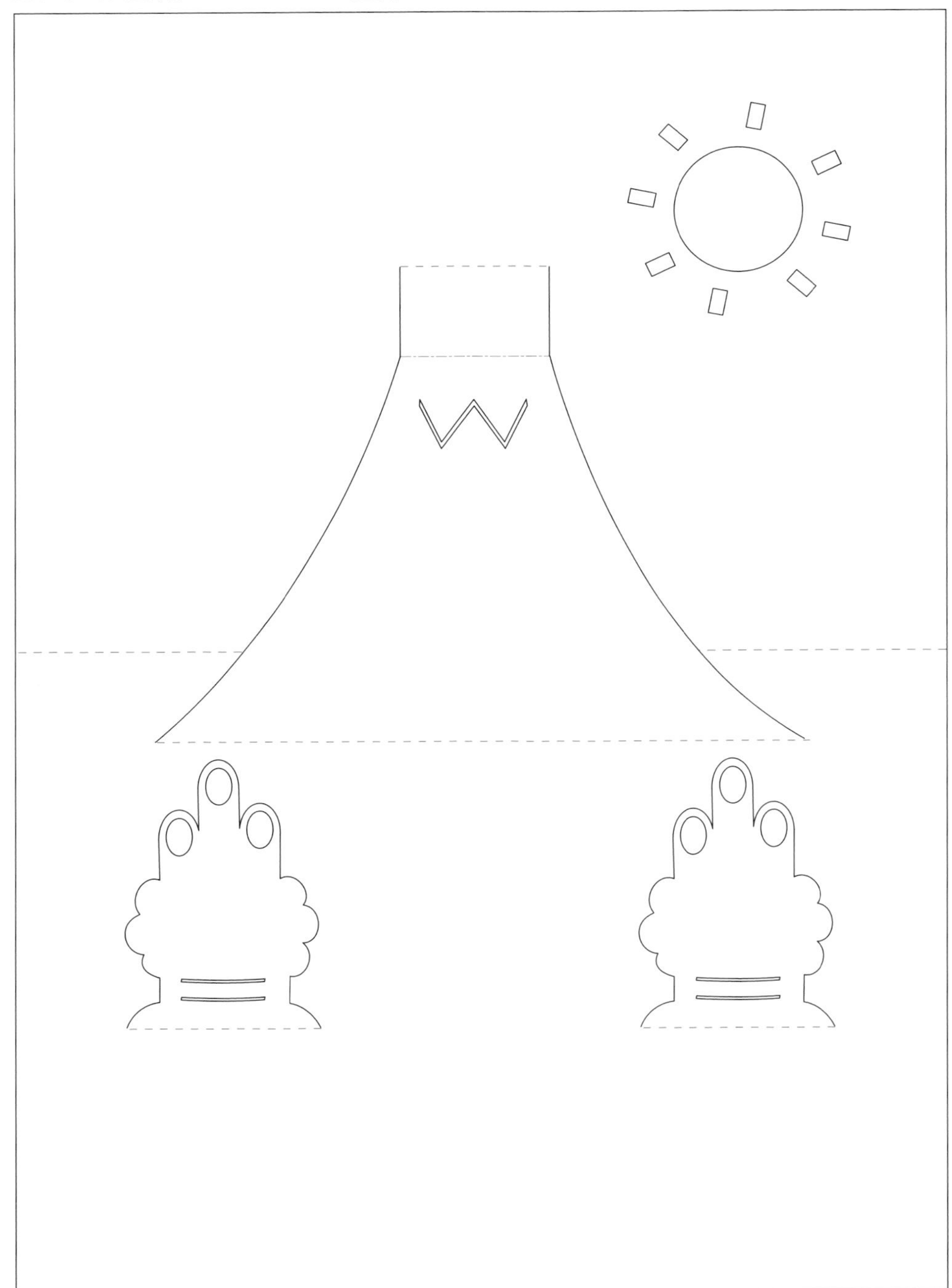

**★ポイント**（作品は69ページ）
70ページのつくり方の要領でカードに型紙の絵柄を転写し、型紙の指示どおり切って折ります。太陽や門松の内側は先に切り抜きます。

## no.16 バレンタインのカードの型紙

**★ポイント**（作品は69ページ）
70ページのつくり方の要領でカードに型紙の絵柄を転写し、型紙の指示どおり、切って折ります。文字と2つのハートの中は先に切り抜きます。

**イワミ＊カイ**

イラストレーター、ハンドクラフト作家。著書に『すいすいかんたん小物』(偕成社)、『泣き笑いパジャマ初体験』(日本ヴォーグ社)、作品提供に『赤ちゃんへハンドメイドの贈りもの』(雄鶏社)、『手作り大好き！ エプロン＆キッチン小物』(ブティック社) 、『手づくり収納アイデア５００』(主婦と生活社)など多数。紅茶缶のデザインや神楽坂みやげのぽちぶくろなど、雑貨の分野でも活躍中。

http://kai2000.at.infoseek.co.jp/



装丁・デザイン●佐野裕美子

撮影●小塚恭子（Y.Kスタジオ）

スタイリスト●小野寺祐子

編集協力●株式会社童夢


# かんたん、ふしぎ。切り紙ブック


著　者　イワミ＊カイ

発行者　西沢宗治

印刷所　図書印刷株式会社

製本所　図書印刷株式会社

発行所　株式会社日本文芸社

〒101-8407 東京都千代田区神田神保町1-7

電話　03-3294-8931（営業）

03-3294-8920（編集）

URL　http://www.nihonbungeisha.co.jp/

振替口座　00180-1-73081

Printed in Japan 112071010-112080229Ⓝ08

ISBN 978-4-537-20595-4





編集担当　亀尾

*With the Compliments*
*of*
*The Japan Foundation*

謹　呈
国際交流基金